BAKUMATSU no KISEKI

幕末の奇跡

〈黒船〉を造ったサムライたち

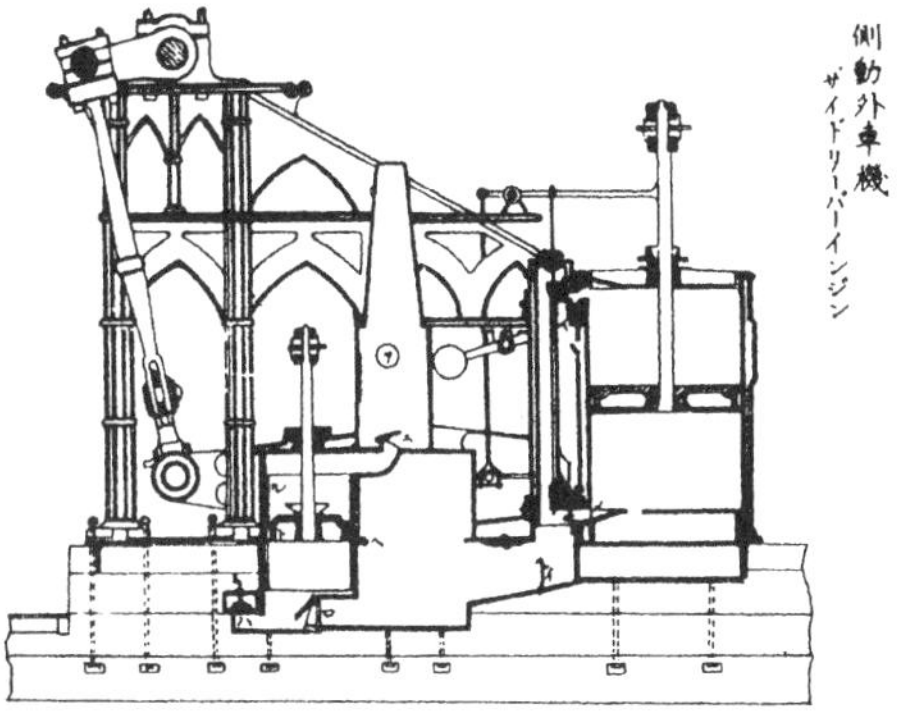

松尾龍之介

Matsuo Ryunosuke

弦書房

〈カバー表・絵〉
長崎海軍伝習所図　港に浮かぶのが伝習用の蒸気船で、対岸には煙突、すなわち長崎製鉄所がみえる（陣内松齢筆、佐賀城本丸歴史館蔵）
〈カバー裏・絵〉
最初の幕府軍艦「鳳凰丸」（ペリー渡来絵図貼交屏風のうち鳳凰丸図、東京大学史料編纂所蔵）
〈扉絵〉
雲行丸の蒸気機関断面図

目次

蒸気船から幕末を読み解く――「まえがき」にかえて

一八五三年にペリーの黒船艦隊が来航してから、一八六八年に新政府が生まれるまでの十五年間を幕末と呼んでいる。長い歴史から見ればほんの一瞬に過ぎないが、その間に起きた事件、登場した人物は数限りない。一度くらい学んだだけで幕末の紆余曲折が理解できたという人はおそらく何処にもいまい。

かといって調べるにつれて明らかになってくるかと言えば、必ずしもそうでもない。いよいよ以て複雑怪奇になってゆき、まるで底なし沼に足を踏み入れたようになるのがこの幕末という歴史の怪物ではないだろうか。

そんな幕末を一刀両断できる快刀乱麻がないものかと散々探し回った挙げ句、ようやく見つけたキーワードが「蒸気船」である。

日本人は黒船来航により蒸気船を初めて目の当たりにした。破壊力の強い大砲を積んで自在に動ける蒸気軍艦を前にして、幕府はペリーが要求するままに国書を受け取らざるを得なかった。

もし外国と対等な外交を望むなら、和船を捨てて自らの手で蒸気船をつくる以外に方法はない。そう思った日本人は、蒸気船を手にするためにしゃにむに突き進んで、ようやくそれに成功するのにおよそ十五年かかっている。

したがって幕末という時間を「蒸気船を知った日本人が、自らの力でそれをつくりあげるまでの期間」と定義することも可能なのである。

ただし気をつけてほしいのは、ここで蒸気船というのは蒸気機関だけの力で進むのではなく、帆船に蒸気機関を積んだ「蒸気帆船」のことを指す。それは出入港するときだけ蒸気を使い、沖に出るとできるだけ風の力で走る。蒸気機関だけで走る純粋な意味での蒸気船が登場するのは明治以降になる。

薩摩試作の小型蒸気外輪船「雲行丸《うんこう》」

名君と謳《うた》われた薩摩藩主島津斉彬《なりあきら》は、老中首座阿部正弘の後押で一八五一年、藩主となるとただちに自藩の富国強兵に着手した。アメリカ帰りのジョン（中浜）万次郎を保護して洋式造船を藩士たちに学ばせたり、帆船用帆布を自製するために木綿紡績事業に乗り出したりした。

蒸気船の原理に着目したのも斉彬である。江戸の蘭学者箕作阮甫《みつくりげんぽ》に命じて蒸気船に関する蘭書から『水蒸船説略』を翻訳させ、一八五一年江戸の上屋敷で蒸気機関の雛形《ひながた》を造るように命じた。黒船来航の二年前のことである。

しかし金属製の蒸気機関の製造は困難を極めた。穴一つ開けるのも容易ではなく、ボルト一つ作るにもヤスリ一挺で仕上げなければならなかった。日本には金属を加工する機械などなかったからである。

一八五三年、第一次ペリー艦隊が去って二ヶ月後、幕府は「大船建造解禁令」を発令した。それまで物流を受け持つ廻船の他は、大船を造るのを禁じられていた。

薩摩藩は琉球（沖縄）を通して中国と密貿易を行っていたので、早くから大船に関心があった。琉球に役人を運ぶにも、交易品や奄美大島の黒砂糖を運ぶためにも大船の方が安全で都合が良い。大船解禁令が出されると、島津斉彬は十五隻からなる艦隊（うち三隻は蒸気船）を幕府に願い出て許可された。その規模は第二次ペリー艦隊にも匹敵する。

一八五四年、幕府では期待をこめて「薩摩が蒸気船を造るそうだ」という噂が流れたが、実情はそれほど甘くはなかった。

そして同年、オランダの蒸気船「スンビン号」（のち観光丸）が長崎に入港する。ただちに長崎へ薩摩藩士が派遣され、実際の機械や船の絵図面まで見せてもらい、結局自分たちにはこれだけのものをつくる知識もなければ技術もないことを思い知らされた。

しかしこの長崎行きは無駄ではなかった。彼らは出島で医師を務めていたファン＝デン＝ブルックに会うことができた。この人はオランダでは開業医であったが、同時に物理学協会の機関誌の編集に携わるほど物理・化学の多方面に精通していた。

スンビン号が運んできた電磁無線機の故障を修理し、写真機や銀メッキの実演をしてみせたのは彼である。佐賀藩士に石炭、コークス、鋳造の製法を教えたのも彼であった。もちろん蒸気機関のメカニズムにも詳しかった。日本の物理・化学はこのファン＝デン＝ブルックに始まると言ってよい。

観光丸の蒸気機関のスケッチ　蒸気機関の何たるかを知らないまま、正確なスケッチを試みている（『幕末の蒸気船物語』から）

こうして翌一八五五年、江戸で機関部が完成した。ボイラーは十二馬力程度の大きさであったが、接合部での蒸気漏れを防ぐことができず、実際には二、三馬力しか出なかったという。しかし、ともかくも動いたのである。

そこで鹿児島から長さ八間ほどの「越通船《おっとせん》」（ジョン万次郎に命じて薩摩でつくらせた和洋折衷船）が運ばれてきて、それにこの機関部を取り付け、薩摩屋敷のあった田町の海岸から品川までの試運転に成功した。また墨田川を遡ってみせ、江戸中の評判を呼んだ。

そうは言っても、「雲行丸」に外海を航海するなど不可能で、いわんや軍艦としての役割など果たせる訳がない。二年後鹿児島に送られるときも船体と機関が別々にされ、船で運ばれて行った。こうして斉彬が立てた薩摩の海軍創立計画も夢と消えた。

しかし大船（洋式帆船軍艦）については四隻が起工され、「升平丸」、「大元丸」、「鳳瑞丸」、「承元丸」、「万年丸」が竣工した。

そのうちの升平丸は幕府に献上され、「昌平丸」と名前を変え、阿部正弘等を乗せて江戸湾を航行した。第二次ペリー艦隊が去って一年、幕閣たちの感慨はひとしおであったに違いない。

その後昌平丸は、長崎海軍伝習所の一期生たちを長崎へ運んでいる（一八五五）。

小型洋式帆船「君沢形《くんたくがた》」

第二次黒船艦隊が去った一八五四年の冬、幕府に思わぬ好運が舞い込んだ。

下田で日露交渉に当たったロシア海軍のプチャーチン提督を乗せた軍艦「ディアナ号」が大地震に伴う津波によって破損した。そこで船を修理すべく西伊豆の戸田《へだ》に向かって航海中、激浪に襲われ座礁、ついに船を失ってしまった。

しかしディアナ号が沈む際に運び出した荷物の中に二本柱のスクーナー船の設計図があったので、プチャーチンは戸田《へだ》で帰国用の船を造ることを提案し、幕府はこれを洋式造船を学べる絶好のチャンスとしてとらえた。

現地取締役には伊豆代官江川太郎左衛門が、日露交渉には勘定奉行の川路聖莫《としあきら》が任に当たった。こうして戸数六百ほどの小さな村にロシア人五百人が住み、日本からも多くの船大工たちが選ばれ、力を合わせて堅牢なスクーナー船造りが開始された。

船は四ヶ月で完成し、プチャーチンは直ちに「ヘダ号」に乗って津軽海峡を経て、黒竜江をさかのぼり帰国した（一八五五）。残りの部下たちもアメリカ船二隻をチャーターして提督の後を追った。

幕府は直ちにプチャーチンが残した船架と工具、それに船大工たちが習得した技術でもって同型の船を造らせ、一八五五年の暮れまでに六隻ものスクーナーを完成させ、それを江戸に回航させた。これらの船は戸田村が属していた君沢郡《くんたくぐん》から「君沢形」と名付けられ、我が国初の本格的な洋式船となった。

君沢形はその後も石川島造船所で四隻が追加製造され、都合十隻となって諸藩にも配られ、運送船として役に立った。同時にそれは洋式造船に習熟した一群の船大工を生み出し、以後日本各地に散らばって各地に洋式造船法を根付かせたり、また明治になってからは横須賀造船所で活躍をみせた。

オランダ国王から寄贈された「観光丸」

豆州《ずしゅう》戸田《へだ》での造船がロシア船の遭難という偶然の出来事によって始まったのに対して、長崎における海軍伝習所は、幕府が自ら海軍技術を習得するという明確な意志に基いていた。こうして我が国の洋式造船技術は、戸田と長崎という二つの場所から全国にひろがったことになる。

海軍伝習所は一八五六年一月に開設され、一八五九年までの三年半ほどの間に、幕府関係者のみでも二五〇余名、各藩生や水主たちを含むと三七〇余名がオランダ教師団に学び、明治時代の我が国の海軍と造船における人的基礎をつくった。

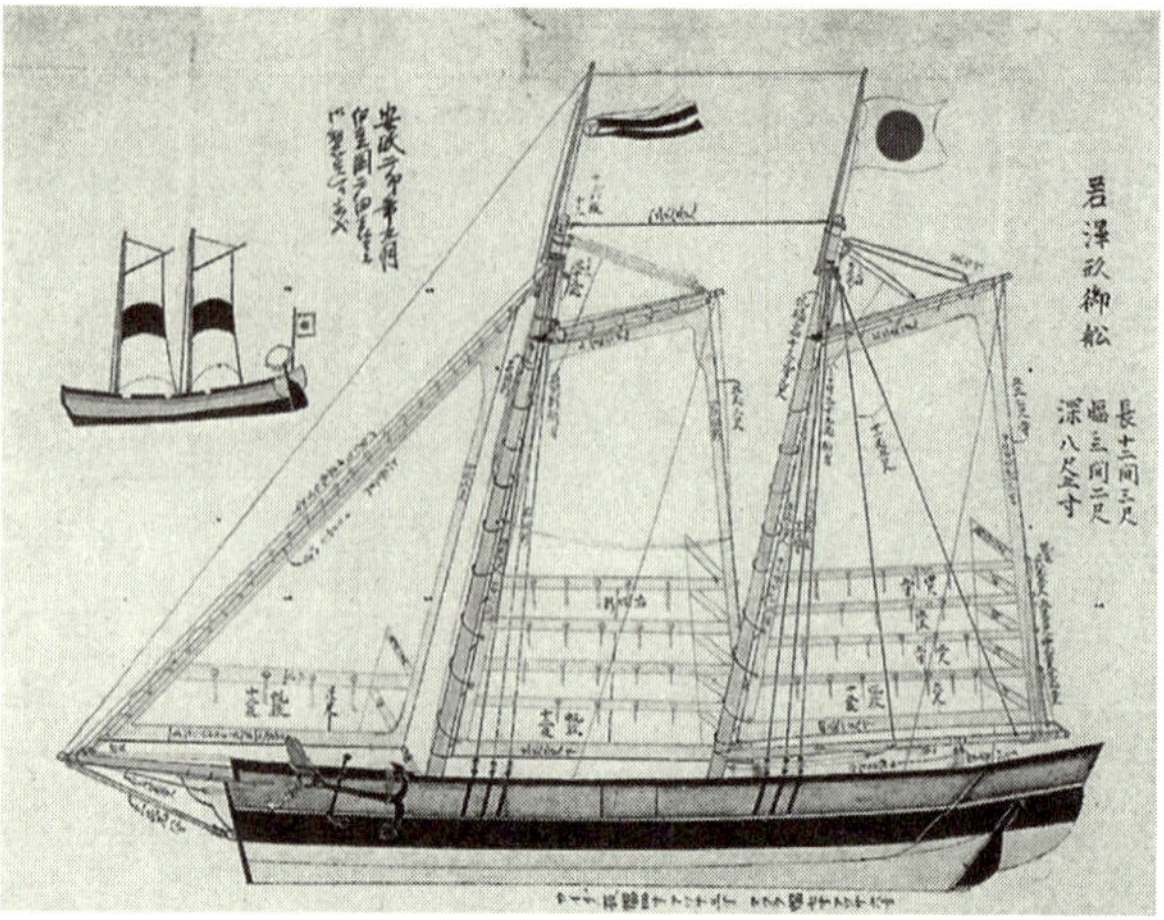

君沢形　操帆が簡単で乗組員も少なくてすむので、海運に最適で明治に入ってからも西洋形帆船の主流として物流に活躍した（『江戸時代の科学技術』図録から）

その際伝習に用いられた蒸気船が「観光丸」で、スクーナー艦よりも大きなコルベット艦であった。それはオランダ国王から幕府に寄贈され、幕府が初めて手にした外輪蒸気船であった。観光丸を使った航海術や運用術の伝習は、幾何学、三角法や対数計算などの数学、天文天測、地理学、語学、砲術、物理、化学など多方面にわたる知識を必要とした。したがって伝習生たちは「航海術は万学の基礎」と認識していた。

最初、オランダ人教師団は自分たちに対する激しい抵抗を予想していたがそれは杞憂《きゆう》に終わった。逆に彼らは伝習生たちの「燃えるような向学心と奥ゆかしい態度」に感心している。

一八五七年、第一期生が観光丸で江戸へ戻ると、練習艦が無くなったので、来航したイギリス帆船を購入し「鵬翔丸《ほうしょうまる》」と名付けて訓練に当てた。また造船習得のために八本オール・一本柱のコットル船（カッター）がオランダ人教師の指導の下で造られた。

こうして洋式船の造船法は長崎でも開始され、佐賀藩生もすぐに同じサイズのカッターをつくりあげた。長崎のそれは「長崎形」と呼ばれ、佐賀藩のそれは「晨風丸《しんぷう》」と呼ばれた。

短命だった幕府蒸気船「先登丸《せんとう》」

海軍伝習所が閉鎖された一八五九年、井伊大老の下で天皇の勅許なしで長崎・横浜・函館の三港が開かれた。すると日本商品は絹や茶を中心に人気が高く輸出品の価格がみるみる高騰した。それにつれて国内の諸物価が上がり、非生産階級である武士の暮らしを直撃した。彼らはそれを開国のせいにして外国人を憎悪しはじめた。

不満勢力は開国に反対する天皇の周囲に結集し、幕府に反発し、国内が分裂する様相を見せはじめた。なかんづく長州藩士はその攘夷派の中核となった。

自分の意志に反して開国に踏み切らざるを得なかった井伊大老は、幕府の権威を取り戻そうと、自らの政策に反対する武士たちの弾圧に出た（安政の大獄）。

一八六〇年、太平洋を往復した咸臨丸が浦賀に戻ってきたときには、井伊大老はすでに暗殺され、攘夷運動は激しくなる一方だった。

幕府は朝廷側を味方へ引き寄せるために、皇女和宮の降嫁を申し出たが、そのための条件として、いったん外国と結んだ開港・開市の延長交渉（竹内遣欧使節）を行うことや、来たるべき攘夷決行のための軍備拡張を朝廷側に示さなければならなかった。それが「第一次海軍拡張計画」で、幕府が中心となり諸大名から海軍兵を募り、警備区域を東海・東北・西海・南海に分け、ゆくゆくは艦数三七〇隻、乗組員六万一二〇五人とする気宇壮大なものであった。

江戸の石川島（現・佃島）造船所では、江戸と大坂の港湾防禦用の蒸気軍艦三十隻を建造するという計画の下、先ずは一隻の蒸気船の建造（千代田形）に着手した。

一方、長崎へは完成したばかりの長崎製鉄所でコルベット艦（観光丸級）を建造するよう幕府から命令が下った（一八六一）。その要求がすごい。蒸気機関は出力が二百から二百五十馬力、大砲は二十門から二十四門を搭載せよというのである。観光丸でも百五十馬力しかなく、大砲は六門だった。

長崎製鉄所は蒸気船の修理は出来ても造船能力は備えていない。そんな要求は実現不可能であったが、朝廷並びに攘夷派の賛同を得るためにも、幕府は大見栄を切って見せる必要があった。

そんな背景の下でつくられたのが「先登丸」である。

長崎製鉄所では蒸気機関の製作にとりかかったが、造船所ではなかったので船体は造れない。そんなところに一八六二年、たまたま石川島でつくられた君沢形（スクーナー船）が一隻長崎に預けられた。そこで製鉄所で製作した小型蒸気機関をその君沢形に積載すれば、ともかくも一隻の蒸気船が造れるのである。

幕府からの無理難題に困惑していた長崎奉行高橋美作守《みまさかのかみ》和貫《かずぬき》は、急場をしのぐ策として、その「改造船」を江戸に差し出すしか方法がなかった。目標のコルベット艦と比べるとなんという貧弱な船であったことだろう。

それでも幕府は同年、長崎から回航されてきたその蒸気船を目にして喜び、蒸気軍艦の先駆けとして「先登丸」と威勢の良い名前をつけた。しかし先登丸は性能にもバランスにも問題があり、わずか二年半ののち解体されて廃船になった（一八六五）。

それは幕府の海軍拡張計画の挫折そのものを象徴するかのような蒸気船であった。

佐賀藩が誇る日本初の国産蒸気船「凌風丸《りょうふう》」

一八五四年（第二次ペリー艦隊の年）、オランダ船が幕府から注文を受けていた三馬力の蒸気船の雛形を運んできた。それは小型ながら蒸気機関で動く精巧な仕上がりであった。

佐賀藩はさっそくそれを借り受けて、佐賀藩領深堀《ふかほり》で運用や構造の研究をはじめた。そして翌年から自らの手による雛型の蒸気船と汽車の製作に取りかかった。それは一八五六年、藩主鍋島直正に献上されている。

佐賀藩主鍋島直正がスンビン号に一目惚れして、オランダに注文していた同型船「電流丸」が藩に引き渡された（一八五八）。

ところがその電流丸はボイラーの調子が悪く、解体して修理しなければならなかった。オランダに修理を依頼すれば莫大な費用がかかるので、結局、有明海に面する三重津《みえつ》にボイラー工場が建設され修理が行われた。その工程を通して佐賀藩は蒸気船の建造に自信を深めた。

一八五九年、長崎・神奈川・函館が開港され攘夷運動が激しくなる中、一八六三年、将軍家茂が朝廷に攘夷の決行を表明すると、各藩は外国と戦うべく洋式艦船の購入に走った。その需要に応え奔走したのがスコットランド生まれのトーマス・グラバーである。一八六四年から六七年にかけて彼の事業は予想を上回る好利益を産んだ。

一八六三年、幕府も多くの船舶を購入した。いずれも英米が中国航路に使用した中古船で、これに大砲を積載してにわか軍艦としたのである。したがって故障が多く、修理するには長崎製鉄所だけが頼りであり、この不便性がやがて横浜や横須賀の製鉄所建設へとつながって行く。

また諸藩は短期間に大量の船舶を購入したものの、有能な乗組員に不足して、薩摩や長州のように航海術を学ばせるために留学生を海外に送り出さなければならなかった。

しかし佐賀藩の場合は事情が異なる。伝習生が一人平均三年間という恵まれた伝習を受けることができたこの藩は、自力で蒸気船の製造に取りかかることが出来た。乗組員たちも優秀であった。幕府を除けばそんなことができたのは佐賀藩だけである。

こうして、一八六五年に「凌風丸」が完成した。それは、長さ十八・三メートル、幅三・四メートル、蒸気機関十馬力で、我が国初の外輪蒸気船であった。したがって有明海の浅瀬に向いており、主に河口から沖の本船に乗り込むために使用された。

凌風丸は一八七〇（明治三）年、有明海で座礁事故を起こし、売却された。

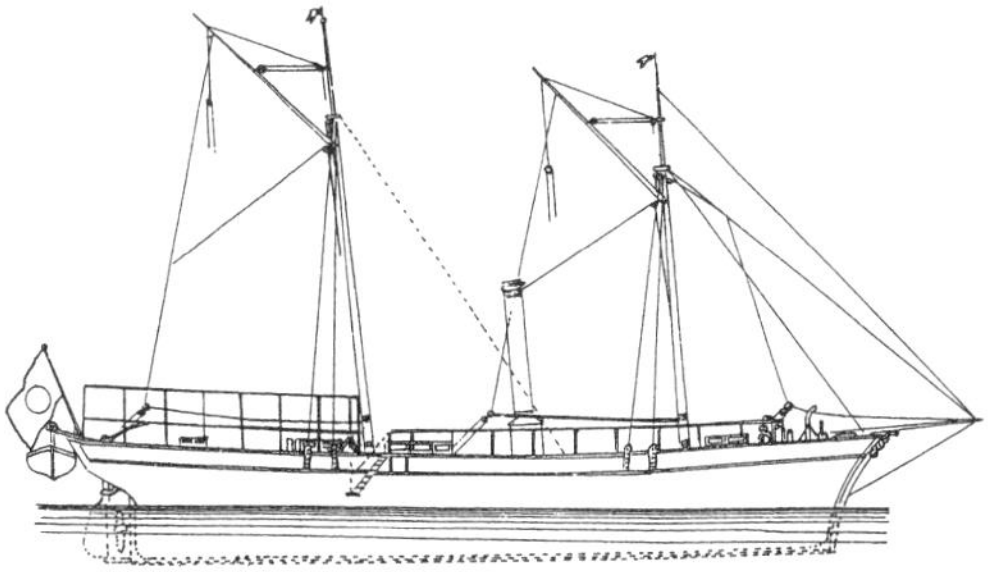

横須賀丸　長さは約27メートルで、蒸気機関はフランス製である。横浜と横須賀の間の通船として使用された（『幕末の蒸気船物語』から）

フランス製の蒸気機関を積んだ「横須賀丸」

一八六四年、幕府は勘定奉行小栗忠順《おぐりただまさ》の建議を受け入れ製鉄所の建設を決めた。小栗はワシントン造船所を見学したこともあり、アメリカとの技術提携を望んでいたに違いないが、南北戦争でそれは叶わなかった。

といってイギリスは薩長両藩に接近していたし、ロシアは対馬を乗っ取ろうとする事件（一八六一）を起こし、いずれも幕府との良好な関係を築くことができなかった。

そんな中で幕府に近づくのが遅れていたフランスは一八六四年、幕府軍艦翔鶴《しょうかく》丸の修理を誠意をもって完璧に行い、幕府の信頼を得ることができた。これを契機に幕府はフランス政府（ナポレオン三世の統治）に急接近する。

こうしてフランス公使ロッシュは、中国に造船のために来ていたヴェルニーという若くて有能な技師を日本に招いてくれた。

幕府内には石川島造船所の規模を大きくすれば良いという意見も強かったが、ヴェルニーは開港以来、複数の外国船修理の実績を持つ横須賀村を測量した結果、地形がフランスのツーロン軍港に似ていることなどから第一候補として横須賀を選んだ。

一八六五年、鍬入れ式が行われるとヴェルニーはいったん帰国し、建設に必要な技術者や様々の機械と共に日本に戻って来た。

翌一八六六年、一隻の蒸気船「横須賀丸」が完成した。それはヴェルニーの指導の下で、フランス製三十馬力の蒸気機関を積んだもので、横須賀製鉄所で初めて造られた蒸気船である。横須賀丸は長さが約二十七メートルで、三十馬力の機関であったこと以外、詳細は分からない。主に横須賀と横浜とを結ぶ通船として活躍したという。

小栗の建議ではじまった横須賀製鉄所は、時代が急転する中で批判も浴びたが、そんなとき彼は「たとえ幕府が政権を譲ることになっても、土蔵付きの売家として渡すことになり、それはそれで名誉なことではないか」と語ったという。

彼の予言通り一八六八年、横須賀製鉄所は新政府の手に渡ったが、工事は続行され、一八七一（明治四）年、ついに一号ドックが完成。開業と同時に「横須賀造船所」と名前を変えた。

横須賀製鉄所の技術は造船のみならず他の様々な分野にも及んだ。

日本初の観音崎灯台の建設、生野《いくの》銀山で使用する蒸気機関や採鉱機械、官営製糸工場富岡製糸場の機械類の設計、官営愛知紡績所のタービン水車など、いずれも横須賀製鉄所から作り出されている。

唯一成功した幕府蒸気軍艦「千代田形《ちよだがた》」

一八六〇年の太平洋は数十年に一回という荒れようだった。咸臨丸《かんりんまる》は、その風波にもまれてサンフランシスコに到着したときは船体が痛んでいた。アメリカ側はそれに気がついて艦を海軍工廠にドッグ入りさせて無料で全面修理してくれた。

その時、同行したのが小野友五郎《おのともごろう》（一期生）と肥田浜五郎《ひだはまごろう》（二期生）で、現場の一部始終を目にして、「この塩梅《あんばい》なら大丈夫、自分たちにも造れそうだ」と確信した。

帰国後、小野が中心になって重量・重心を正確に再現した二十分の一の模型を製作した。結果は上々だった。一八六一年、海軍拡張計画の下で造船の許可が下りた。そのスタッフ全員が海軍伝習所出身者であった。

翌一八六二年、石川島造船所で起工式が行われた。船体の建造は伊豆の船大工鈴木長吉《すずきちょうきち》（一期生）で、彼は「君沢形」の造船経験者で伝習所にも学び、咸臨丸の太平洋渡航にも参加していた。

船は一八六三年に進水し「千代田形」と命名された。心臓部に当たる蒸気機関とボイラーは肥田による設計であったが、石川島には機械工場がないので、蒸気機関は肥田が長崎製鉄所まで足を伸ばし製作に当たり、またボイラーは佐賀の三重津海軍所に依頼して造られた。

ところがその肥田が石川島造船所の規模を拡大するために、一八六四年から二年間オランダへ石川島造船所の工作機械の買い付けに日本を離れたので、その間工事が中断してしまった。

さらに彼の洋行中に石川島造船所の拡張計画は中止され、その代わりにフランスとの技術提携により、新たに横須賀製鉄所がつくられる案へと変更された。そのため肥田はオランダからフランスに移らなければならなかった。

肥田が帰国した一八六六年、千代田形に機関部の据付けがはじまると、今度は第二次征長戦争が始まり、肥田は幕府軍艦「富士山丸」の艦長を命じられ、またもや工事は中断した。

こうして千代田形が品川沖での試運転に成功したのはようやく一八六七年のことで、起工から完成までに四年半の歳月を費やしたことになる。順調にゆけば凌風丸より早く仕上がっていた船であるが、千代田形はスクリューで走り、凌風丸の六倍、横須賀丸の二倍に相当する六十馬力の出力を持っていた。

《千代田形要目》
造船所　石川島造船所
艦種　木造二本マスト・スクーナー砲艦
排水量　一三八トン
垂線間長　二九・六七メートル
幅　四・八八メートル
喫水　二・〇三メートル（平均）

機関　形式　横置　二シリンダー直動　一基
出力　六十馬力
回転数　六七（毎分）
ボイラー　形式　円型煙管式
数　三基
圧力　二・七kg／cm
プロペラ　形式　二翼一基
直径　一・六八メートル
速力　五ノット
備砲　三十ポンド砲　一門
ホウイツアー　二門
乗務員　五十一人

〈補足〉　蒸気機関は復水器なしのもので、大砲は幕府の「関口大砲製作所」で製作された。

その写真は一枚しか残されていないが、一目で機能美を感じさせる。その技術と審美眼が、のち日本海軍の戦艦「大和」へと続くものであることが確信できる。
戊辰《ぼしん》戦争の折、千代田形は榎本海軍と行動を共にし、函館で新政府軍に拿捕された。その後は生まれたばかりの明治海軍の三隻の軍艦の一艦として再スタートするという優秀な軍艦であった。

明治二十一年民間に売却され、解体されたのは明治四十四年というので、それがいかに頑強で長命の蒸気軍艦であったかがわかる。

ここで幕末年間に日本人の手で造られた蒸気船を表にまとめると次のようになる。

船　名	竣工年	出　力	推進器	製造者
雲行丸	一八五五	二、三馬力	外車	島津藩
先頭丸	一八六二	——	内車	幕　府
凌風丸	一八六五	一〇馬力	外車	佐賀藩
横須賀丸	一八六六	三十馬力	内車	幕　府
千代田形	一八六七	六十馬力	内車	幕　府

（外車は＝外輪車　内車＝スクリュー）

海軍伝習所はどのような役割を果たしたのか？

皮肉なことに千代田形が竣工した一八六七年は幕府の屋台骨は失われ、徳川慶喜が大政奉還により将軍職を辞した年である。もはや人材もなければ財政も底を突いていた。

振り返って見れば、お台場建築から始まった江戸湾防衛計画、長崎海軍伝習所という巨大プロジェクト、開港の際の貨幣の交換比率の上での失敗、勅許を得るための京都への根回し、生麦《なまむぎ》事件や薩英戦争、長州藩の外国船打ち払い等の賠償金、外国艦船の購入、五回に及ぶ海外使節の派遣、横須賀製鉄所への投資などのために使い果たしてしまっていた。

海軍伝習所　港に浮かぶのが伝習用の蒸気船で、対岸には長崎製鉄所を望むことができる
（陣内松齢筆、佐賀城本丸歴史館蔵）

では幕府が自滅するほどまでにつぎ込んだ資金は無駄金で終わったのだろうか。

否、決してそんなことはない。ひと言でいえばそれはヨーロッパの近代科学技術を我が国へ根付かせるのに成功した。

日本が幕末を迎えた頃、ヨーロッパでは「海軍のルネサンス」が始まろうとしており、帆船から蒸気船へ、外輪からスクリューへ、木造船から鉄船へというような質的な大改革が行われ、日本は幸いにもこの時代の新しいうねりに乗るのに何とか間に合った。スクリュー船咸臨丸による太平洋横断は何よりもそれを雄弁に語っている。

明治時代になって我が国が欧米諸国に遅れることもなく科学技術や医学の進歩に歩調を合わすことができたのは、幕末の早い時期（一八五六）に長崎海軍伝習所が設置されたからである。

その高い見識に裏付けられた科学技術は江戸をはじめとして日本各地に飛び火して絶えることはなかった。江戸城が新政府に開け渡されたのち、築地の軍艦操練所は海軍兵学寮（のちの海軍兵学校）となり日本海軍の母胎となる。

一方維新後、静岡県に移封を命じられた徳川家は、幕府再建を夢見て沼津に兵学校を設置した。その教授陣は主に海軍伝習所に学んだ人々で、当時日本唯一の最高の科学技術の拠点であった。やがてその教授陣も新政府に出仕を命じられ、「富国強兵」のモットーの下で国のために働くことになる。

明治海軍の兵学寮は、校長が川村純義《かわむらすみよし》（薩摩伝習生）、副校長が佐々倉桐太郎《さささくらとうたろう》（一期生）、教頭が沢太郎左衛門《さわたろうざえもん》（三期生）である。もちろん教授陣にも海軍伝習所や操練所出身者が多く見られた。

明治六年イギリス式海軍教育が導入され、これにより日本の海軍も世界に通じる海軍らしさを身につけることができた。明治十六年頃から次第に世代の交代が行われた。

明治二十年、旧式士官が篩《ふるい》にかけられ、それでも将官以上に残った人々が、肥田浜五郎（二期生）、榎本武揚《えのもとたけあき》（二期・三期生）、赤松大三郎《あかまつだいさぶろう》（三期生）、川村純義、中牟田倉之助《なかむたくらのすけ》（佐賀藩伝習生）、真木鉄太郎《まきてつたろう》（佐賀藩伝習生）、相浦忠一郎《あいうらちゅういちろう》（佐賀三重津海軍学寮）、柳楢良《やなぎならよし》（津藩伝習生）らである。彼らはエリート中のエリートといえよう。

海軍伝習所で三年数ヶ月間、学生長を勤めた勝麟太郎《かつりんたろう》は江戸が薩長軍の攻撃に晒されるのを回避するべく八面六臂の活躍をみせた。

「からくり儀右衛門」と称された田中久重《たなかひさしげ》は、天才的技術者で佐賀藩伝習生として西洋の新技術を身に付け、明治六年になって上京、現在の「東芝」の基を築いた。

大阪財界の重鎮だった五代才助《ごだいさいすけ》（友厚）は、若い頃、薩摩の伝習生でグラバーと共に長崎に「小菅《こすげ》修船所」をつくりあげている。

横須賀海軍工廠は、浦賀奉行所から長崎の海軍伝習所に学んだ者たちが数多く横滑りしている。また現在のＩＨＩ（石川島播磨重工業）の創始者平野富二《ひらのとみじ》は、長崎製鉄所で蒸気機関を学ぶところから出発した。

新政府の鉄道計画は、若い鉄道技術者が育つまでの間を、海軍伝習所出身者が主導権を握っていた。その中心にいたのが井上勝《いのうえまさる》（長州伝習生）である。

幕末に小野友五郎と共に小笠原諸島を測量し、地図・海図をつくった塚本明毅《つかもとあきたけ》（一期生）は、明治になると太政官の地誌課長を兼任、地図の作成を担当した。

函館戦争で榎本艦隊に属した荒井郁之助《あらいいくのすけ》（軍艦操練所生）は、不測の気象に苦労を舐めさせられた経験から、明治十六年初代の気象台長に就任している。

こうしておよそ明治十年代までは、日本の各分野で数多くの海軍伝習所出身の人々が日本を支え、その後幕末から明治に生まれた若い世代へとその技術が受け渡されたことが分かる。

この本では、そんな長崎海軍伝習所に関わった人々の中から十四名を選び出し、それぞれの生き方やエピソードに焦点を当ててみた。当時を理解する一助となれば幸いである。

なお、「長崎海軍伝習所」とは「オランダ教師団による長崎に於ける海軍伝習所」のことで、「長崎」を省略して用いることもある。

第一章　幕府とオランダ

阿《あ》部《べ》正《まさ》弘《ひろ》　開国へ舵を切った老中首座

もし現代の国会に於いて、二十七歳の総理大臣が出現したとすれば、そのあまりの若さに多くの人が驚愕し、中には将来を危惧する人も出て来ることだろう。

しかし実際の日本史では、幕末のしかも開国に向かって舵を切る最も重大な時に、二十七歳の老中首座（総理大臣）が誕生しているのである。

彼の名前は阿部伊勢守《いせのかみ》正弘。彼の老中に到るまでの経歴を簡単にたどってみよう。

阿部正弘（『開国への布石』から）

一八一九年、福山（現岡山県）十万石藩主の六男として江戸に生まれる。ペリー来航まで三十四年、まだまだ世の中は泰平の夢の中にあったが、当時の大名たちは財政改革を強いられ苦しんでいた。

阿部は幼い頃から聡明で、言動が大人びていたので父からも嘱望されていた。ある日、父正精《まさきよ》が松浦静山《まつらせいざん》と林述斎《じゅっさい》の二人の学者を招いたとき、庭で遊ぶ正弘を指さして「あの子は将来に自分が望みを託している子である」と自慢している。

阿部が十歳の頃、ある親族が金魚を飼っていた彼に小鳥を飼うのをすすめると、彼は「付人の仕事が増えるので飼わない」と断った。そこで「すでに金魚を飼って付人の手を煩わせているではないか」と糺したところ、「金魚は餌を与えるのを忘れても、水の中にいれば直ぐに死ぬことはない」と答えたという。

一八二六年、父が亡くなると、嫡子正寧《まさやす》が家督を継いだ。この兄は生来健康に恵まれず、一八三六年、弟の正弘を養子に迎え家督を相続、ここに十八歳の藩主が誕生した。

一八四〇年、隣の中国でアヘン戦争が勃発した年であるが、阿部は寺社奉行見習から寺社奉行になり、朝鮮使節来聘《らいへい》御用を命じられる。翌年、大奥でのスキャンダル事件（一八四一）を適切に処理して大奥から絶大な人気と信頼を得ることができた。

一八四三年、二十五歳にして大坂城代、京都所司代、西丸老中を一挙に飛び越して、本丸老中を仰せつかった。この異例の人事には、老中水野忠邦《みずのただくに》による天保の改革が失策に終わったことが背景にあったとされている。

阿部の抜擢について、歴史家の松村英明は言う。

「江戸時代に百七十三名の老中が出た。正弘はそのうちで最年少（満二十五歳）の老中である。

彼の本当の人品とか学識とかはどんなものであったか分からないが、この若さで並みいる譜代大名、旗本を押しのけて最高のポストにのぼり得たのは、説明しようのない『正弘の凄さ』だけで、それ以外には考えられない。この凄さに自分は魅力を感じ、学者の身分を忘れてしまうのである」（『阿部正弘のすべて』）

もうひとつ、勝麟太郎の世話で阿部に仕えた蘭学者杉亨二《すぎこうじ》*の感想を例に引く。

「阿部勢州は温厚の方でして、一見大将のようでした。和気掬すべしと申すはあゝいう人だろうと存じます。あるとき少し暇があるからとて召されました。…昔の老中というものはそれはそれは非常に多忙なものであった…そのとき勢州は袴《はかま》をはかれて一と間に坐しておられましたが、私が出ましたのを見られて、今日は幸いに寸暇があり面会できて喜ばしいとの挨拶でした。私も壮年の頃でありました故、老中だと云ったとて何するものぞいうような気組みでおりましたが、勢州に会いましたときは自然と頭が下がって尊敬するような心になりました」

とにかく幕末の一番大事なときに、このような老中が登場したのは日本史において僥倖《ぎょうこう》であったという他はない。

*杉亨二（一八二八〜一九一七）は長崎に生まれ、大坂の緒方洪庵や江戸の杉田成卿らに蘭学を学び、勝海舟の知己を得る。蕃書調所《ばんしょしらべしょ》（洋学研究所）で統計学の重要さを学び、維新後徳川家と共に駿河に移り住んだときに人口調査を試みる。明治九年表記学（統計学）社社長となり、明治十三年、甲斐国（現山梨県）の人別帳調べを実施した。統計学の祖として知られている。

一八四五年二月、現在の小笠原諸島の父島に、アメリカの捕鯨船「マンハッタン号」が休暇のために碇《いかり》をおろした。父島は当時無人島ではなく、一八三〇年すでにホノルルから外国人が移住して暮らしていた。

一ヶ月後、新鮮な水や食料を補給したのち、船は北上し鳥島の側を通過するとき、島に漂着していた日本人十一人の姿を発見、ボートで船に収容した。その翌朝、今度は帆柱を切り舵を失って漂流する廻船を発見、その乗組員十一名も救助した。計二十二人の日本人を救出したことになる。

クーパー船長は日本人難民は長崎以外では受け入れられないことを承知していたが、長崎までは一千キロ以上かけ離れた距離にあったし、自分たちの友好的な態度を幕府に印象づけるためにも、漂流民を江戸に近い浦賀に送還することに決めた。

幸いなことに三年前に「異国船打払令《うちはらい》」は緩和され「薪水給与令《しんすい》」になっていたので、捕鯨船は浦賀に近づいても砲撃されることはなかった。

こうしてマンハッタン号が浦賀に姿を現した。すぐに多くの警護の船が捕鯨船の回りを取り囲んだ。通訳はオランダ通詞《つうじ》の森山栄之助《もりやまえいのすけ》*である。当時日本には英語が使える通詞は誰もいない。でも森山はジェスチャーを交えたオランダ語で、なんとか切り抜けることができた。

＊幕末に活躍したオランダ通詞で一八四八年、米国人青年マクドナルドに英語を教わる。一八五四年、ペリーとの交渉で主任通訳官を勤め、のち米国使節ハリスの応対通弁にも当たった。

浦賀奉行は事態をただちに江戸に報告、指示を仰いだ。

幕府は、従来通り長崎に行かせるべしとする意見と、日本人の送還だけなら特例として浦賀で受け取っても良いのではとする意見に分かれた。

ここで老中首座についたばかりの阿部の決断は、後者の意見を採用した。こうして日本人漂流民がはじめて、長崎以外の浦賀で下船を許され、日本の土を踏むことができた。

のみならずマンハッタン号出帆の折には、十分な薪水食料はもちろん、染付皿や漆などの工芸品、また日本特産の品々までが感謝のしるしとしてクーパー船長に贈られた。こんなことは外国を蔑視してきた鎖国制度の下では極めてめずらしい。

今回はクーパー船長の日本人漂流民を救いたいという気持ちが幕府首脳に伝わり、また返礼品を贈ることでアメリカ人にも日本人の感謝の気持ちが伝わった。これを「通信」と言わずして何と言おう。それまで日本と通商ができる外国は中国とオランダ、通信を交わすことができる国は、朝鮮と琉球だけに制限されていた。そこに一瞬とはいえ、アメリカが通信国として入ったのである。

『開国への布石』の著者土居良三は、「のち阿部が開国という重大な決意を固めるうえでアメリカとならばと思わせるものを、クーパー船長は彼の胸に残したに違いない」と書いている。

マンハッタン号が去って二十日後、阿部は老中・若年寄・奉行・目付の官僚からなる「海防掛」を創設した。それは軍事、外交を検討する場であって、それまで長崎奉行にまかせていたのを、江戸でも分析整理ができるように設けたものである。

翌一八四六年、アメリカ東インド艦隊司令官ビッドルが中国で外交使命を果たした後、二隻の軍艦「コロンバス号」と「ビッドル号」を率いて浦賀に現れた。アメリカが最初に遣わした公的使節である。

彼が乗ってきたコロンバス号の装備は火砲だけでも九十二門。迎え撃つ我が国の台場の砲数は合わせても七十三門。しかも時代遅れで見劣りする砲であるのは誰の目にも明らかだった。

アメリカ人は、もはや長崎を無視していた。

長崎では出島にいるオランダ人が幕府との交渉を阻害する可能性が考えられた。実際、四十年ほど前（一八〇四）、長崎に入港したロシア使節レザーノフは、半年間も待たされた挙げ句、手ぶらで帰国を余儀なくされた。このロシア人の経験を通して長崎に船を入れても幕府との交渉には埒が開かないことを学んでいた。

ビッドルの浦賀停泊は十日間に及んだ。

彼は一貫して友好的な姿勢を通し、多くの役人たちが軍艦へ乗船するのを許し、艦上で彼らを接待した。今回の通詞は堀達之助《ほりたつのすけ》*であったが、彼もまた森山同様まだ英語は話せなかった。

＊幕末の通詞で英学者。一八五三年と翌年のペリーの応接に当たる。一八六二年、洋所調所教授方になり、『英和対訳袖珍辞書』という日本初のコンサイス英和辞書をつくる。

日本人との対人関係に不慣れだったビッドルは、国書を浦賀奉行ではなく小役人に渡してしまった。そのため幕府から軽視され、交渉打診の回答を得ることができなかった。

また、彼のこの親切が裏目に出る事件が起きた。すなわちビッドルが幕府の船に乗り移ろうとするところを、外国人嫌いの下級船員が彼の身体を押すか叩くかしてボートの中で倒してしまったのである。

その時も、ビッドルは寛大な態度を示し、処罰を日本側に委ねた。それで鼻を高くした日本側は、「下っぱ船員がアメリカ海軍士官を侮辱したにもかかわらず、何のおとがめもなかった。日本人がアメリカ海軍を負かした」と妙に誤解した。それは噂となり、またたくまに琉球まで伝わる始末だった。

その琉球では、すでに中国まで来ていたフランスの軍船が来航し、強硬に通商を要求していた。阿部は工作をして、自分と肝胆相照らす島津斉彬《なりあきら》を新たな藩主に立て、琉球を日本と切り離したのち、一切を斉彬に委ねた。

ことは戦争に持ち込んではならない。斉彬は琉球に限りフランスと交易しても良いとする幕府の真意を確かめた末に、通商条約を結んだ（一八四六）。歴史家の中にはこれをもって近世日本の外国との貿易の始まりとする人もいる。

阿部はこの年、日本が置かれた状況を分析し直して、国防上、死守しなければならない地点を浦賀・長崎・松前・琉球に特定し、その強化を図ろうとした。さらに軍艦や武器の必要性を痛感し、大型船の建造を評定所に上申した。

そもそも幕府が大名に大船建造禁止令を出したのは、鎖国政策を強化しようとする十七世紀（一六三八）のことで、その後廻船《かいせん》（流通用の船）を除いて大型船がつくられることはなかった。しかし彼のこの提案は、経費面からも技術面からも実現不可能ということで拒否された。

ビッドル号が去ると、薪水給与令を元の打払令に戻した方が良いとする強硬な意見が何度か浮上した。しかし軍事的に優位に立つ相手に向かって発砲するのは無謀な話で、海岸防備と軍艦が十分に整ってからでないと実行できないということで見送られた。

こうして江戸湾口の警固を補強するために、それまで川越藩と忍《おし》藩で備えていたものを、相模方面は川越藩と彦根藩、房総半島の方は忍藩と会津藩の両藩でそれぞれ警固することになった。彦根藩も会津藩も雄藩で、この二藩が加わることで兵力が一段と強化されたのはいうまでもない。

一八四八年、外国船が琉球・対馬・五島・蝦夷《えぞ》・奥州などに出没した。その中にアメリカの捕鯨船「ラゴダ号」があった。

捕鯨船にはしばしば「船乗りの滓《かす》」と呼ばれる無法者が乗り込み問題を起こした。小笠原の父島でも、そのような乗組員が島に降ろされて島民は迷惑を被っている。

ラゴダ号の乗組員十五名も、船を乗っ取ろうとして失敗し、ボート三艘で脱走を図った荒くれ者たちだった。彼らはただちに松前藩に確保され、日本海を北前船で長崎まで護送されて来た。興福寺の塔頭《たっちゅう》に収容された後も、彼らは脱走を図ったり喧嘩が絶えず、仲間内での殺人まで起こす始末で、長崎奉行は彼等にほとほと手を焼いた。

彼らの扱いが次第に厳しくなり鉄格子内に禁固されるようになると、それがオランダ人を通して広東のアメリカ領事に伝わり、アメリカ東インド艦隊司令官は自国民が虐待を受けているものと曲解し、一八四九年、軍艦「プレブル号」を長崎に派遣させた。

長崎に到着したプレブル号のグリン艦長は、最初から高圧的な態度に出た。それがまんまと功を奏し、自国民を取り戻すのに成功したので、彼は帰国後、「今こそ日本を開国させる好機であり、しかもそれは兵力を以て威嚇するに限る」と本国政府に報告した。

また彼は自分が長崎に行ったのはそこに救出すべき人々が幽閉されていたからで、幕府と正面から交渉するなら直接江戸に行くべきであることを強調した。

グリン艦長に応じた通詞は、かつてジェスチャーで苦労を強いられた森山栄之助で、長崎に幽閉されたラナルド＝マクドナルド*から英語を熱心に学んでいるところであった。

＊マクドナルドは一八四八年、二十四歳でアメリカの捕鯨船から漂流を装って北海道に上陸。捕らえられて長崎に送られ、監禁された大悲庵内でオランダ通詞に英語を教えた。

一八五〇年からペリーの黒船艦隊が浦賀に現れるまでの三年間は、まるで嵐の前の静けさのように外国船の出現はなく、平穏な歳月が流れた。というのはお隣の中国で「太平天国の乱」が起き、イギリスもフランスも目を離すことができなかったからである。

一八五二年、出島に新任の商館長ドンケル＝クルチウスが着任し、幕府に重要な情報をもたらした。すなわちアメリカ政府が日本に開国を求めて、艦隊を派遣しすでに中国に到着しているというのである。

クルチウスにしてみればこの情報を幕府にもたらすことで、アメリカに先立ってオランダと通商条約を結ぶことを期待していた。彼にはあらかじめ「商館長」ではなく、一国を代表する外交官、すなわち「領事」の資格が与えられていた。しかし、幕府はそれまで通り高圧的な態度を通し、クルチウスの望みは無視された。

当時の長崎奉行川村対馬守修就《つしまのかみながたか》は、この情報に自らの意見を加えて「このように申せども、異人のいうことなれば当てにならず、お取り捨てあって然るべし」と付け加えていた。外交の最先端を担う長崎奉行にしてこの有り様であったから、江戸の幕閣がそれに従ったとしても無理はない。

阿部は黒船来航の情報を「密書」扱いにして表向きは徳川御三家にも、浦賀奉行にも知らせなかった。ただ、薩摩・福岡・佐賀の三藩主には意見を求めた。これらの藩主たちは、いずれも長崎と密接な関係があり、独自の海外情報網を持ち、海防にも努力していたからである。しかしこの情報は、実際には徳川御三家や浦賀奉行までもれ伝わったとされている。

ともかく阿部は黒船来航の情報を極力秘密裡に置き、黒船がやってくるのをひたすら待った。この点がのち彼を「優柔不断」とか「無策、無能」呼ばわりさせるひとつの要因となる。

一八五三年七月八日、ペリー艦隊はやって来た。来航そのものは予想されていたので別に驚くことではなかった。ただ、そこには日本人が初めて目にする蒸気船二艘が黒い煙りを吐いていた。

蒸気船は風波にかかわらず自在に動き回ることができる。従っていち早く攻撃体制に入れるし、砲撃を受けても自力で逃れることもできる。さらに艦隊の船に実際に上ってみた浦賀奉行所の与力中島三郎助《なかしまさぶろうすけ》の報告によれば、積まれている大砲は「ペギザン砲」という炸裂弾を発射する最新鋭の大砲であることがわかった。

つまり黒船艦隊は「量的」な優位ではなく「質的」な優位にあった。浦賀奉行所の役人は、それを正しく認識して幕府に報告した。

またペリー艦隊の日本人への接し方はビッドル艦長のそれとは百八十度違っていた。

まず艦隊は臨戦態勢に入っていた。すべての窓が開けられ何時でも発砲できるよう大砲が覗いていた。取り巻きの和船から船に上がろうと試みた日本人がロープを船縁に投げても、鉤もろともに海に投げ返された。交渉に当たっては位の高い人物のみを要求し、提督自身は一切顔を出さなかった。

また翌日から測量船を出し、水深の測量をはじめた。役人が「その行為は我が国の法に反している」とそれを拒むと、「我が国の法では測量を行うように定めており、日本人が日本の法を守るように、我々は我が国の法に従うだけのことである」と、突っぱねて測量を続けた（これは国際法から見れば違法行為である）。

三日目に入ると測量船が、それまで来航したどの外国船も進入しなかった観音崎～富津線を突破して江戸湾に侵入した。翌年江戸湾内に停泊するための下準備である。

それを阻止しようと警固の和船が取り囲んだが、軍艦ミシシッピ号が臨戦態勢で警固をはじめ、警固兵は上層部から決して事を荒げないよう命じられていたので、引き下がる他なかった。

幕府当局者は打つ手がないのに慌てふためいた。艦隊がこれ以上将軍の居る江戸城に近づいてもらっては困る。

攘夷の総本山のごとき水戸藩の徳川斉昭《なりあき》も、相手方との戦力の格差を知って、一刻も早く去ってもらう他はないことを認めた。こうして阿部は久里浜でアメリカの国書受理を決議した。この年彼は三十五歳。

久里浜では両国の代表がほとんど無言のうちに、国書の受理が三十分足らずで終了した。

その後、四隻の艦隊はすみやかに日本を離れるかと思っていると、再び江戸湾に進入し、今の羽田沖あたりまで艦隊を進めた。明らかに意図的な威嚇と嫌がらせだった。こうして七月十七日、黒船艦隊は十日間の滞在で日本から去っていった。

その後、阿部は人が変わったように動き出した。

三人の若い海防掛（外務国防省）を抜擢し、堀利熙《としひろ》を北の函館に、西の長崎には永井尚志《なおのぶ》を、そして岩瀬《いわせ》忠震《ただなり》は江戸に留めて自らの手足とした。その人事が極めて的を射ていたことはのちの歴史家が揃って認めている。

また、海防掛の下に蕃書調所を設置して、海外情報、国防のための知識や技術を収集させた。八月、浦賀奉行だった水野忠徳《ただのり》を長崎奉行に転任させて、オランダ商館長に海軍の創設と蒸気船の発注の交渉を命じた。その商館長クルチウスから覚書が届いたのち、大型船建造の解禁が諮問され、十月に決定された。

普通なら、諮問が最初に来て、その後蒸気船の購入と行くところが、先ず独断で蒸気船購入を先決し、それをオランダ商館長に打診させた上で諮問にかけ、その後大型船の解禁が決議されている。そこには阿部が蒸気軍船の獲得をいかに急いでいたかがはっきりと読み取れる。

幕府は最初は七、八隻もの蒸気船を注文しようとしたようである。クルチウスはさっそく本国に連絡をとった。

「日本人は蒸気船に深い感銘を受けたようです。そして魔法を使ってでも海軍の創立を願っています。そのためにもオランダが日本に蒸気船の借与するのが良策と考えます」

彼がいみじくも用いた「魔法を使ってでも」という表現は、ヨーロッパのように産業革命を経験しなかった日本の事情を的確に表現している。まさに日本はゼロからスタートしなければならなかった。

その後幕府は外国事情を孝明天皇に奏聞し、今後の日本の取るべき国策について全国の大名のみならず、庶民にまで広く意見を問うた。それは徳川幕府はじまって以来、未曾有のできごとだった。

このように書けば、阿部の取った方針がまるで「民主主義の走り」であったような印象を与えるかも知れない。だがそれは間違っている。福地源一郎の『幕府衰亡論』には次の様な旨のことが書かれてある。「幕府は国書を受け取ったことを、アメリカに和議を乞うたように思われたくなかった。だから国策を衆議にかけ、戦争は避けるべきであったという意見を世間の方から提唱させ、その上で自らの国書の授受を認めさせたかった」と。

ところが蓋を開けてみると予想に反して、世論は外国と戦うべしという意見の方が多数を占めていた。それがのち開港後の物価の高騰と相まって攘夷論となり、全国に燎原の火のように拡がり、最後には尊王論と結びついて徳川幕府を滅ぼす結果となる。

つまり阿部は開国の扉を開くと同時に、近世の幕藩体制の崩壊にも手を貸したことになる。しかし、それを考慮に入れても、老中首座にあった彼が最初に日本の近代化へ舵を切ったことは特筆に値する。そして彼が一八五七年、数えの三十九歳で急死しなければ、幕末の歴史はまったく違った様相を見せたのは明らかである。

■大船《おおぶね》（西洋式艦船）の建造

阿部正弘は黒船艦隊が去るや、オランダ商館長に蒸気軍艦を発注するとともに、「大船建造解禁令」を発令した。以後、諸大名も大船建造が許されることになった。

阿部はさっそく伊豆代官江川太郎左衛門《えがわたろうさえもん》に相談を持ちかけたが、当時江川は、お台場の建設や大砲鋳造に追われ、造船までは手が回らなかった。

そこで海防に熱心な水戸藩主徳川斉昭に呼びかけて造船を委託した。実際に造船を担当したのは蘭学者青地林宗《あおちりんそう》に学んだ鱸《すずき》半兵衛で、彼自身船をつくったことなどなく、命じられるままに造船という困難な事業に取り組んだ。*

＊幕府が洋式帆船を造らせたのはこれが最初ではない。一六〇四年、ウィリアム・アダムスが徳川家康に命じられて八十トンの洋型帆船を造っている。翌年造られた百二十トンの「サン・ブエナ・ベントゥーラ号」は、一六〇九年、太平洋を渡り二十二名の使節をメキシコに届けている。家康の先進性はもっと評価されて良い。

一方、浦賀奉行所の役人たちは浦賀に入港した異国船の特徴を観察できる機会が多く、与力中島三郎助が中心となって、自分たちの手で大型帆船をつくりはじめた。

港の奥に小規模ながら造船所をつくり、洋船の特徴を導入した二本マストの「鳳凰丸《ほうおう》」をつくるのに成功した（一八五四）。しかし見様見真似でつくられたが故に、バランスが悪く十分に堅牢でもなかったので遠洋航海には向いていなかった。それでも鳳凰丸は十年間ほど使用されている。

また薩摩藩は自藩の琉球貿易で使用するためにも、大船の造船に最も熱心で、「升平丸（幕府に献上されたのち昌平丸）」を初めとして四隻の大船をつくりあげた（一八五五）。升平丸は江戸に回航する際に初めて船尾に日の丸を掲げたことでも知られている。

水戸藩は石川島で造船をはじめたものの、モデルが十七世紀のオランダ船（長さ二十一間で六〇〇〜七〇〇トン）で、予算ばかりが膨らんで、勘定所から中止の意見が出されるほどだった。それでも薩摩の大船やヘダ号などの船を参考にしながら、ようやく三年がかりで「旭日丸《あさひ》」をつくりあげた（一八五六）。しかし重心計算が狂っていたため、進水のときには頭を水に突っ込んでしまった。

それからというもの人々は、旭日丸のことを「厄介丸《やっかい》」と称した。「動かざる御代《みよ》は動きて動くべき船は動かぬ見と（水戸）も無き哉」という落首が詠まれ、不都合なことが起きると、「あゝ、水戸の船か」と陰口を叩いたという話が残されている。

しかしこの旭日丸は輸送船として実際に役に立った。一八五九年、完成して三年後のことであるが、長崎海軍伝習所の第二次教師団長カッテンディーケが観光丸で航海に出ようとしていたとき、長崎奉行から下関を出港した旭日丸が行方不明になったので、その捜索を依頼されたことがあった（一八五九）。

観光丸は平戸海峡を通過したところで、小さな入江に三本檣の時代遅れの大船を発見した。それが旭日丸だった。彼によれば船は全体が朱の漆で塗られていたという。何という豪奢な船であったことか。

このように何隻かの大船帆船はつくりあげたものの、幕府が本当に欲しかったのはいうまでもなく蒸気船であった。薩摩藩はすでに蒸気船運行丸の造船に取り組んでいたが、なかなかうまく行かない。

一八五四年、長崎に入港したオランダ海軍の蒸気軍艦スンビン号に薩摩の藩士が乗り込み、本物の蒸気船を隅々まで見学した結果、造船能力の余りに大きな格差に気がついて、蒸気船は自分たちにはすぐには造れないことを悟った。*

*日本人が造船に挑むのは海軍伝習所で学んだあと、一八六〇年咸臨丸で渡米し、サンフランシスコの北にあるメーア島にある海軍造船所を見学した後のことになる。

幕末には幕府使節団や留学生がたびたび海外に派遣されているが、彼らはすべて相手国から派遣された軍艦や、日本と欧米間を結ぶ定期船などを利用しており、日本の船で渡航したのは咸臨《かんりん》丸《まる》一隻だけである。

《幕末使節団の使用した艦船とルート》

時期	名称	乗船ルート
一八六〇	新見遣米使節団	品川→サンフランシスコ→パナマ（米軍艦ポーハタン号） パナマ地峡（汽車）→ワシントン（米軍艦ロアノーク） ニューヨーク→（喜望峰）→品川（米軍艦ナイアガラ）
一八六二	竹内遣欧使節団	品川→香港→スエズ（英軍艦オーディン） スエズ地峡（汽車）→マルセイユ（仏軍輸送船）
一八六四	池田遣欧使節団	横浜→上海（仏艦モンシュ） 上海→スエズ地峡（汽車）→マルセイユ（仏郵船乗り継ぎ）
一八六五	柴田遣欧使節団	横浜→上海→スエズ地峡（汽車）→マルセイユ（Ｐ＆Ｏ船乗り継ぎ）
一八六六	小出遣露使節団	横浜→上海→スエズ地峡（汽車）→マルセイユ（仏郵船乗り継ぎ）
一八六七	小出遣米使節団	横浜→サンフランシスコ→パナマ地峡（汽車）→ニューヨーク（ＰＭ社船乗り継ぎ）
一八六七	徳川遣欧使節団	横浜→上海→スエズ地峡（汽車）→マルセイユ（仏郵船乗り継ぎ）

＊「Ｐ＆Ｏ船」や「ＰＭ社船」については最終章を参照のこと。

ファビウス　海軍伝習所のお膳立てをしたオランダ海軍中佐

浦賀に黒船艦隊が来航した一八五三年、オランダ海軍のヘルハルドゥス＝ファビウス中佐は新しい外輪式蒸気船・スンビン号の艦長として地中海にあって、トルコのイスタンブールを目指していた。

当時ロシアとトルコの間で戦争が始まろうとしていた（クリミア戦争）。中立を宣言したオランダは、トルコ駐在の大使の要請を受け万一の場合、蒸気船を用立てるつもりであったが、幸いにも戦争に巻きこまれることもなかった。

そんなスンビン号に本国から指令が届き、ジャワ島のオランダ植民地バタビアに向かうことになった。彼が喜望峰をめぐって、バタビアに着いたのは翌一八五四年七月である。そこで彼は贈

ファビウスの肖像（1864年）『海軍日本の夜明け』から）

呈用の電信機を積んで長崎に向かう指令を受けた。

すでにペリーの第二次黒船艦隊は再来日を果たし三月三十一日、神奈川（横浜）で日米和親条約（神奈川条約）を締結していた。その後艦隊は解散し、サスケハンナ号だけが香港に停泊していた。ファビウスは日米条約の関係文書を入手したくて香港に立ち寄ってみたが、ペリー提督は留守だった。

ペリーの代わりに応対した艦長は大砲を指さしながら、「ファビウス殿、この艦隊の威力をもってすれば、条約なんか私たちが求めたものでなく、日本にくれてやったようなものです」と言ってのけた。ペリー艦隊の本音であった。

八月二十二日、スンビン号が長崎湾に入港した。商館長クルチウスが出島で素晴らしい昼食をもてなし、スンビン号が日蘭両国の間に多大な成果をもたらすことを祈り、乾杯した。

十月十五日、長崎奉行大沢豊後守《ぶんごのかみ》秉哲《のりあき》と水野筑後守忠徳の両名が出島に来て、幕府がこれまでの方針を改め、ヨーロッパ式の海軍を創設する意志があることを表明し、彼に意見を求めた。

ファビウスは幕府の海軍創立に関する専門的な意見書の作製にとりかかった。その意見書がその後の海軍、ひいては日本の将来を決定づけたといっても過言ではない。

その主たる内容は、次のとおりである。
(1) 日本の地理的条件はイギリスと似ており、今こそ西洋式海軍を創立する絶好のチャンスである。
(2) 軍艦は蒸気船の時代になったが、これからはスクリュー式の時代なので外輪式の蒸気船はつくらない方が良い。
(3) 船体は木造でも良いが、世界の大勢は鉄船の方向に向かっている。
(4) 将来造船も手掛けるなら、修船所としてのドックや、造機工場が必要であること。
(5) 士官・下士官・兵の乗組員の養成には学校（伝習所）が必要である。
(6) 伝習所は、蒸気船の運航法、大砲の操法と製造法、蒸気機関の取り扱い方と製造法について教育する。そのため伝習生は少なくとも数学・天文学・物理学・化学ならびに、測量術・機関術・造船術・砲術その他を学ぶ。
(7) この教育を受けるには、日本人はオランダ語を学び、予習をさせておくのが良い。
(8) 以上に関してオランダの援助を受けるには、前提条件として日蘭両国間に条約を締結して置くのが必要である。

じつをいえば最後の項目にある日本との条約の締結（日蘭条約）こそがオランダ側の交換条件だった。

長崎奉行水野は、海防掛目付永井と検討した結果、最初にオランダに出した注文を取り消して、スクリュー式の蒸気船二隻（咸臨丸と朝陽丸のこと）に変更した。

また乗組員養成のために西役所（現県庁）に海軍伝習所を開き、オランダ海軍の教師団を迎え入れることを決定した。それはまさに幕府とオランダの啐啄同時《そつたくどうじ》といえるものであった。

ファビウスは奉行所からの依頼により、バタビアに戻るまでの時間を利用して伝習を開始した。最初は奉行所が指名した数人の伝習生（長崎の地役人）に蒸気機関についての講義を行った。

通訳を通しての講義は骨が折れたが、日本人の燃えるような向学心と奥ゆかしい態度に彼は感心している。

講義はさらにスンビン号の艦上で、蒸気機関、砲術、造船術、操船術、救命ボート、船具の知識へとひろがっていった。しばらくすると長崎警固を担当していた佐賀藩士がこれに加わった。

さらに筑前藩主黒田長溥《くろだながひろ》や佐賀藩主鍋島直正《なべしまなおまさ》侯の一行、薩摩藩士たちも次々とスンビン号の見学に訪れた。その際、佐賀藩の直正侯はスンビン号がすっかり気に入って「この艦を売ってくれまいか」と申し出たほどであった。もちろんファビウスは丁寧にそれを断った。また黒田侯は「艦上で過ごした時間は、自分にとって人生で最も有意義な時間だった」と礼を述べた。

阿部が親しくしていたこれら開国派の西国雄藩は、将来持つであろう蒸気軍艦というものがどんなものであるのかを下見するために長崎まで足を伸ばしたのである。

また伝習のことを耳にして、高島流砲術を担当していた江川太郎左衛門の部下五名が江戸から馳けつけた。彼らはスンビン号に寝泊りして主に砲術の伝習を受けた。

そして招待された日本人が蒸気船に乗る日がやって来た。その日は、水野や永井をはじめ、地役人、通詞など二百人が随行した。商館長クルチウスも乗艦した。

船には日本国旗とオランダ国旗が並んで掲げられ、午前中は射撃演習や艦内視察が行われ、昼食後、艦は出航し港外の伊王島を通過して、外海を航行したのち夕方に港に戻った。日本人たちはファビウスに深く感謝し、来年も是非戻ってきて欲しいと訴えた。

翌日彼は奉行所に招かれ、将軍から日本刀が下賜されることを聞かされた。それはペリーが自

スンビン号（1854年）（『海軍日本の夜明け』から）

ら欲しいと幕府に要求したにもかかわらず、手にすることができなかった栄誉であった。それを知った日本人たちは彼に祝辞を述べ、ファビウスを「異人サムライ」と呼んで敬意を表した。

十月下旬、スンビン号は大勢の見送りの中を黒い煙を吐きながらバタビア目指して出航した。こうして伝習所設立以前に開始されたファビウスの海軍伝習は、日本人から多大の信頼と敬意を勝ち得て大成功を収めたのである。

その年の暮れ、ファビウスはシンガポールから蒸気船に乗り、紅海を経て地中海を横断し、南フランスのマルセイユに上陸、汽車に乗り換えてパリ経由でオランダに戻った。鉄道のめざましい発達により、もはや喜望峰を経由するよりもその方がずっと早かった。

一八五五年一月、故国に着くと、彼は政府に新しい日本の情報を報告し、日本に海軍伝習の必要性を説いた。また日蘭和親条約の締結のためにもスンビン号を幕府に贈呈すること、商館長クルチウスに米英の提督に匹敵する位階を与えることも提案し賛同を得た。

アジアへの帰路は往路と同じだった。今回は国王ウィリアム三世の肖像画を幕府に寄贈するために、侍従長ファン・リンデン伯爵が使節として同行した。

七月、長崎に二隻のオランダの蒸気船が到着した。一隻はファビウスがヘデー号艦長として、もう一隻にはバタビアからペルスライケン少佐がスンビン号艦長として乗り組んでいた。ペルスライケンはファビウスが第一次の教師団長として最適と見込んだ人物である。

今回へデー号を目にした日本人は、もはや慣れきった様子で「この蒸気船は何馬力か」と質問し、ファビウスをたじろがせた。

八月、彼の講義がはじまった。ほとんどが昨年と同様の聴講生たちだった。

商館長クルチウスの部屋には新しい家具と国王夫妻の肖像画が飾られ、彼が一段と出世したような印象を与え、「商館長」の替わりに、「領事」という新しい肩書きが与えられた。

九月、江戸からの伝習生たちが陸路組と海路組の二手に分かれて長崎を目指したが、海路組の方が津波のために遅れをとった。

十月五日、スンビン号を日本に引き渡すための儀式が艦上で催された。

ファビウスは「今、スンビン号のオランダ国旗が日本の国旗へと交換された。思い返せば一年前、この艦上で行われた伝習が実を結び、今日の海軍創設へと到った。自分はこのスンビン号が日本海軍が誇る軍艦になることを心から祈る」と演説した。

クルチウスが艦の火薬庫の鍵を長崎奉行に渡すとき、鼓手がドラムを叩き、全員による万歳三唱が港に響きわたった。こうしてスンビン号が「観光丸」と命名された。

一八五五年、長崎にイギリス艦がやって来て、昨年江戸で締結した条約*に新たな追加を要求、奉行所はその対応に苦慮していた。領事クルチウスは中に入って、外交に慣れない幕府に損にならないように様々なアドバイスを与えた。

＊日英和親条約のことで、これを記念してイギリスは王室用の豪華な快走船「エンペラー号」を幕府に贈呈した。その蒸気船はのち「蟠龍丸《ばんりゅう》」と命名され、幕府軍艦として活躍した。

一方、ファビウスは、海軍のための軍紀を作成、諸藩の生徒に示した。それは艦内規律に関するもの、海軍の旗章についての習慣、艦長の心得など歴史的な経緯を経てつくられた世界の海軍に共通する習慣などを解説したものである。

奉行所はスンビン号寄贈の返礼として出島をオランダに売却するのは如何であろうかと問うてきた。しかしクルチウスはそんなことをするよりも、両国との間で早く条約を結ぶことを提案した。そうなれば出島の管理はオランダ領事に移り、オランダ人は自由に長崎の町を歩けるようになる。そして「オランダ人は金儲けのために、牢獄のような出島に甘んじている」というヨーロッパ中に行き渡った屈辱的なイメージから脱却できるのである。

伝習が高度になるにつれて、日本人はますますオランダ人を高く評価し、オランダ人無しでは何もやって行けないのを痛感した。

こうしてファビウスとクルチウスの二人は、スンビン号の寄贈ならびに海軍伝習の代償として、二百五十年間も続いた出島からの解放を手に入れることができた。

一八五五年十一月九日、日蘭条約が調印されたことを知って（発効は十二月一日）、ファビウスはマストに日章旗とオランダの国旗を並べて掲揚し、二十一発の祝砲を放った。条約が成立したことにより、ペルスライケンを団長とした第一次教師団の日本残留が決定した。

翌日、黒田藩主自らがヘデー号に乗船し、心ゆくまで視察を終えたのち長期にわたるファビウスの伝習に心から礼を述べた。藩主はファビウスのさらなる来日を望み、自分もオランダを訪問できる日を心待ちにしていると口にした。

十一月二十日、ファビウスを乗せたヘデー号は長崎を後にした。それから九日後、幕府の帆船・昌平丸が入港し、江戸からの海路組が長崎に上陸した。

こうして伝習生が揃った一八五五年十二月三日*、第一次海軍伝習の幕が切って落とされた。

*開所式を一日とする説もある。

■伝習のカリキュラム

海軍伝習所におけるオランダの教師団長はペルスライケン、日本側の総督は永井尚志で、永持享二郎《こうじろう》・矢田堀景蔵・勝麟太郎の三人が学生長で、教官と学生をつなぐパイプ役を果たした。

オランダ人教師団は出島で起居し、伝習生の多くは西役所（奉行所）の長屋に寄宿し、教場は役所内の大部屋を使用した。

授業時間は、朝八時から十二時まで、午後は一時から四時までとし、土曜日は三時まで、日曜日は休みであった。つまり現在のカレンダーと時間割が採用されている。伝習はオランダ通詞が付き添って説明を翻訳する。また、ときどきは観光丸艦上で運用の実習が行われた。

伝習の時間割と科目は以下の表の通りで、一時間目が九時から十時半、二時間目が十時半から十二時、三時間目は二時から三時、四時間目が三時から四時までとなっていた。

伝習掛通弁官は、以下のオランダ通詞が活躍した。

岩瀬彌七郎、荒木熊八、西　慶太郎、本木昌造、楢林栄左衛門、西　吉十郎、末永猷太郎、横山又之丞、志筑禎之助、三島末太郎、石橋庄太郎、西　富太、荒木卯十郎、植村直五郎。

艦上での伝習はできるだけ暗記で、敢えて記録をとらせなかったとある。初めは教官の言っていることがわからず、通訳数人を要するほどだった。しかし、さすがにエリート集団だけあって、二、三ヶ月を過ぎるとそれほど手間取ることもなくなったという。

航海術のテキストとしてはピラールの『航海書』が使用された。ピラールは十九世紀オランダの海軍軍人で、数学を応用した優れた航海術の経験を活かして、のち士官候補生の教育に当たった。彼の著書は舶来されて蘭学者の間でも良く読まれていた。

オランダ教官の教える数学は、加減乗除・比例・分数・開平（平方根を求める）・開立（立方根を求める）・級数・対数・幾何・三角法などで、アラビア数字を使っての算術は日本人にとって初めてのことだった。彼らは高度な数学に苦しめられたが、それだけ実力をつけて行った。

伝習所の責任者として永井尚志は、学習の進み具合に期待できないことを阿部に上申したようで、阿部は「伝習の能率が上がらないなら、若い人を選別してジャワに留学させ、しっかりと航海術を学ばせてはどうだろう」という大胆な案を出したが実際には採用されなかった。総督の目から見た海軍伝習の成果は、必ずしも期待通りに進まなかったことを教えてくれる。

伝習の中には鼓手の養成も入っていた。これは人気があった。その理由は日本では「山鹿《やまが》流陣太鼓」で知られるように、太鼓を鳴らす者は軍を動かす者として尊敬を受けてきたからである。しかし、西洋での鼓笛隊の役割とはかなりのズレがあった筈である。

はるかのちになって、官軍が江戸を目指したとき、錦の旗と共に鼓笛隊が加わっていたのは良く知られている。

《海軍伝習所の時間表》

	一時間目	二時間目	三時間目	四時間目
月曜日	船中帆前*1	運用	騎兵調練	手銃*2
	船具	造船	算術	
	砲術築城		蒸気	
火曜日	船中大砲	点竄*3	砲術築城	造船
	航海	運用	算術	蘭語

	騎馬調練			
	船具			
水曜日	船中帆前	蘭語	騎馬調練	騎馬調練
	算術	造船	船具	運用
	築城砲術		航海	点竄
木曜日	船中大砲	点竄	造船	砲術築城
	航海	蘭語	船具	運用
	算術			
金曜日	船中帆前	蒸気	騎馬調練	騎馬調練
	蒸気	地理	地理	地理
	船具		航海	点竄
土曜日	蒸気	歩兵調練	船掃除	
	歩兵調練			
	騎馬調練			
日曜日	休み			

＊1 乗船実習　＊2 手銃（ミニューへ銃か）　＊3 点竄《てんざん》は代数のこと。

第二章　生涯の宿敵

勝麟太郎　日本海軍を夢見た幕臣

勝海舟は名を義邦《よしくに》、通称を麟太郎《りんたろう》という。海舟という号は、佐久間象山《さくましょうざん》が彼のために揮毫《きごう》した「海舟書屋」という額の書からとったとされる。

父方の曾祖父は越後の検校《けんぎょう》（盲人に与えられた官名）で、生来の盲目だったが江戸に出て莫大な資金を作り、三万両で旗本の株を手に入れた。

しかし旗本といえども微禄の方で、出世が保障されたわけではない。そんな勝は如何にして立身の途を歩みはじめたのだろうか。

若い頃の彼は剣道に励み、島田虎之助《とらのすけ》より免許皆伝を受けている。

同時に彼は蘭学にも興味があった。蘭学は島田がすすめたともいわれているし、また城内でオ

勝麟太郎（webより）

ランダから献納された大砲に刻まれていた横文字がどうしても読みたくなって始めたとも言われている。

いずれにしろ彼が十九歳の折（一八四一）、江戸の徳丸ヶ原で高島秋帆が洋式砲術の演習を行ってみせたことが、彼の目を剣術から西洋砲術に向かわせる契機になった。

貧しくて蘭書を買うこともできなかった彼は書物屋に入っては様々な書物をのぞき歩いた。ついには本屋の主人から顔をおぼえられるほど熱心だった。

蘭学は二十三歳のとき、福岡藩お抱えの蘭学者永井《ながい》青崖《せいがい》に入門した。永井は『銅版万国輿地方図』という著書からも分かるように、地理に明るい学者だった。

二十五歳の秋、丸一年をかけて蘭日辞書『ヅーフハルマ』を筆写して、一部は売り払って生活の資に当て、残る一部はのち海軍伝習のため長崎に携えて行った。

一八五〇年、二十八歳にして曲がりなりにも蘭学塾を開き、西洋砲術の講義をはじめた。

その発足当時の塾に、長崎出身の杉亮二が自分を教師に雇ってくれないだろうかと尋ねて来た。勝にとっては渡りに船であった。文法に関する知識は杉の方が確かであったろう。

またある時、本屋の主人の仲介で、北海道は函館の商家の息子で渋田《しぶた》利右衛門《りえもん》という人物と知己を得た。

最初、勝が渋田の泊まっている旅館を尋ね、すっかり心を許し合える仲となった。二、三日して、今度は渋田が勝の塾を訪れたところ、渋田は勝の暮らし振りを察して、帰りしなに懐からぽんと二百両を出し、「これはわずかだが珍しい書物でも買ってください。あなたが読み終わった後、私のところに送ってくだされればそれで結構」と言い残して去った。

以後渋田は勝の経済的援助のみならず、長崎や京阪神の豪商なども紹介してくれた。二人の交遊は密接なものであったが、勝が海軍伝習のために長崎にあった時、渋田は急逝した。

一八五三年の黒船来航は勝の人生にも大きな転機を与えた。艦隊が去った後、阿部正弘は諸大名、幕臣（旗本や御家人など）・陪臣《ばいしん》（諸大名の家臣）・浪人に到るまで、身分を限らず多方面から我が国の対策や方針について諮問した。

その中で三十一歳の勝の意見書は最優秀の部類に属し、蘭学者としての高い見識に裏打ちされた改革的な政策が打ち出されていた。すなわち、その後阿部幕閣によって実行された、人材の登用・大型船建造の解禁・貿易開始の準備・兵制改革・講武所（陸軍の前身）・洋学所（蛮書調所）、お台場の建設などほとんどの案がそこに含まれていた。

こうして一八五五年、彼は幕府に登用され、下田取締掛手附《てつけ》蘭書翻訳御用を命ぜられた。また蕃書調所の創設の準備にも当たった。勝を推したのは阿部によって目付に登用された大久保《おおくぼ》一翁《かずおう》と岩瀬忠震だったという。

七月、勝は勘定格徒目付矢田堀景蔵《やたぼりけいぞう》や小十人組永持亨次郎《ながもちこうじろう》らと共に艦長要員として、長崎の海軍伝習所への参加を命じられた。彼は幕府の昌平丸で出帆したが、途中船が津波に遭ったりして船体を破損し、十一月二十九日ようやく長崎に到着している。

十二月三日、総督永井尚志を初めとして礼服で身を飾った伝習生たちが出島に集まり、長崎海軍伝習所の開校式が行われた。

伝習は教師側の主張によりすべて西洋式で行われた。講義は月曜日から土曜まで午前八時から正午まで、昼休みの一時間が終わると、午後一時から午後四時まで行われ、日曜日は休みである。一時間の長さも日本とは異なる西洋の二十四時間制で行われた。

西役所（現県庁）の大広間に大きなテーブルが持ち込まれ、伝習生たちはそれを囲み椅子に腰を下ろす。前列のテーブルには幕臣たちが、後列には陪臣（藩士）が座った。

艦上での伝習については、勝は次のように書いている。

「時々艦に乗り込み、艦の運転・諸帆の操作など実地演習がある。すべて暗記させて筆記は許されないので通訳が数名必要となる。互いに隔靴掻痒《かっかそうよう》の思いが残り、教官は教えることに、生徒は暗記するのにはなはだ苦労した。矢田堀・塚本・永持氏などのような昌平黌《しょうへいこう》（幕府学問所）に学び、秀才の誉れ高い者たちといえども、それらを暗誦するのにはなはだ苦しんでいたので、他の才の者たちの苦労は申すまでもない」

一八五六年、総督永井の要請で長崎湾内の大波止に小さな造船所がつくられ、一年をかけて六十トンのコットル船（一本檣のカッター帆船）をつくりあげた。翌年、佐賀藩でも同型船「晨風《しんぷう》丸」を建造した。

一八五七年春、訓練を終えた最初の伝習生（一期生）が観光丸で江戸へ去っていった。勝も帰るつもりでいたが、永井から懇願され、四、五人の伝習生と共に長崎に残った。ひとつには勝の数学の成績があまりに酷かったからという説もある。

一期生が長崎を去るに当たり、永井は長崎の地役人九十六名（二期生）に海上警備を目的とした伝習を受けるよう提案した。勝にはこの長崎の地役人（武士ではなく町人）という存在がよく理解できず、『海軍歴史』の中では彼らをまったく無視している。

九月、幕府がオランダに注文していた待望の蒸気船「咸臨丸」が、カッテンディーケを初めとした第二次教師団により回航されて長崎に入港し、第一次教師団と入れ替わった。また永井の後を木村摂津守喜毅《きむらせっつのかみよしたけ》が総督を引き継いだ。

その頃、江戸では海軍伝習所の産みの親・阿部正弘が亡くなり、その後を堀田正睦《ほったまさよし》が引き継いだが、根っからの異人嫌いの孝明天皇《こうめいてんのう》や京都の公家たちに開国を説得できないまま退陣した。

一八五八年、代わって井伊直弼《いいなおすけ》が大老に就くと、日米修好通商条約（神奈川条約）が締結され、幼い徳川慶福（家茂）を将軍跡継ぎに決定した。

この将軍継承問題で、勝を推してくれた大久保、岩瀬、永井らの能吏たちは揃って一橋慶喜を将軍に望んでいたので、井伊から嫌われて次々に左遷されたり追放させられた。勝は江戸から離れていたのでこの政変には無関係で済んだ。

同年秋、第三期生が長崎に集結した。第一期・第二期の伝習生は成人の集団だったが、三期生は旗本・御家人の子弟が多く若者集団であった。

第二次教師団長カッテンディーケは、「総監の木村摂津守はオランダ語を一語も解しなかったが、勝はオランダ語をよく解し、性質も穏やかで明朗かつ親切だったので、皆が信頼を寄せていた」と高く評価しており、勝の要領の良い振る舞いが彷彿する。

延長した長崎滞在で勝が得たものは、何といっても長距離の練習航海であった。

最初の航海は一八五八年、咸臨丸で五島を経由し対馬へ行き長崎に戻って来た。二回目は平戸から下関さらに豊後水道を抜けて薩摩を目指し、錦江湾入り口の山川《やまがわ》港に停泊した。その際、薩摩侯島津斉彬が来艦し、鹿児島への寄港をすすめられた。

そこでカッテンディーケが目にしたのは、薩摩藩が江戸でつくったという「雲行丸」であった。それは六メートルしかない小さな木造船で二、三馬力しか出ないものであったが、紛うことなく蒸気船であった。

カッテンディーケがただすと、薩摩藩士たちは蘭書の図絵だけを頼りにつくったのだという。彼は『長崎海軍伝習所の日々』の中で、「一度も実物を見ないで蒸気機関をつくりあげたのは驚きである。我々だって蒸気機関を理解するのに並大抵の苦労ではない」と日本人の能力に感心している。

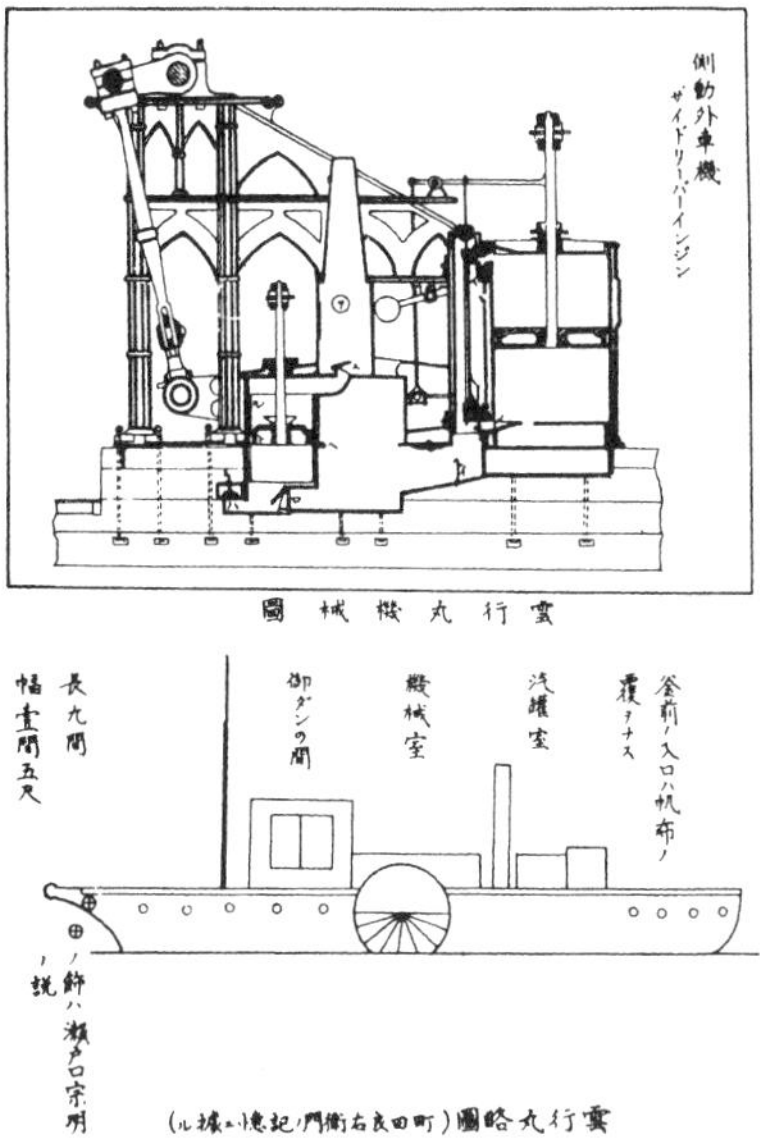

雲行丸の略図（下）と蒸気機関断面図（上）
（『幕末の蒸気船物語』から）

一行は鹿児島に上陸し、砲台や集成館を見学し、様々な意見を求められた。勝はこのとき名君と評された島津斉彬《なりあきら》の知己を得ることができた。帰りは天草灘を通って長崎に戻ったので、結果的に九州を時計回りで一周したことになる。

三回目の航海は天草までの航海で、距離は短かかったが天候が悪く、荒天航海の実習として役に立った。ちなみに天草の富岡城には勝が残した落書が残っている。それは「日本海軍司令官　勝海舟」というもので、「幕府海軍」にありながら「日本海軍」と書いたところに彼の志が読み取れる。

四回目は江戸に回航する帆船「鳳翔丸（旧イギリス船テレジア号）」を山川港まで見送るために、再度鹿児島を訪問した。このときには総督木村が同行している。

五回目は江戸からやって来た「朝陽《ちょうよう》丸」と共に平戸経由で福岡まで巡航し、太宰府まで足を伸ばしている。

その夏、長崎でコレラの流行を見たが、教師団の軍医ポンペの必死の防疫活動により海軍伝習生には一人も患者が出なかった。その直後、第十三代将軍家定の逝去により練習航海は中止された。

十月、オランダに注文していたもう一隻の蒸気船「朝陽丸」が長崎に届けられた。これで長崎港には二隻の蒸気船が勇姿を見せ、海軍伝習所の最盛期を迎える。

しかし、日米修好通商条約の締結により長崎・神奈川・函館が開港し、多くの通詞たちが長崎から動員され、伝習所の授業も休みがちになった。伝習生たちは、出島の教官の宿舎に押しかけたり、自分たちの宿舎に教官を招いたりして寸暇を惜しんで勉強を続けた。

一八五九年春、江戸は井伊による反動政治の只中にあり、その影響は長崎にも伝習所の閉鎖というかたちでやって来た。

結局、勝は四年間ほど海軍伝習所にいたが、江戸に戻ると築地の軍艦操練所頭取に任命され、そのことがのち彼の「咸臨丸」での渡米へとつながる。

「咸臨丸」は日米修好通商条約の批准のために正使を乗せたポーハタン号が渡米するのに伴い、伝習所で培った力を試そうと咸臨丸で太平洋を往復しようとする大胆な試みであった。

最初、遣米使節は水野忠徳、永井尚志、岩瀬忠震などの開国派の面々が予定されていたのであるが、井伊大老による新たな人事により中止となり、急遽、正使に新見豊前守正興《しんみぶぜんのかみまさおき》、副使に村垣《むらがき》淡路守範正《あわじのかみのりまさ》が選ばれた（一八六〇）。

「咸臨丸」は、永井から伝習所を引き継いだ軍艦奉行木村摂津守を司令官（提督）とし、勝を艦長とするものであった。

福沢諭吉の『福翁自伝』にはこの航海で勝は船酔いが酷くて部屋から出てこなかったと記されているが、勝の航海の経験からすればそれは当たらない。

彼は自分が咸臨丸の司令官になれなかったことが不満で、ふて腐れてほとんど部屋から出ず何もしなかった。木村による次のような回想が残っている。

「咸臨丸の艦長にするので、どうか行きたいという事ですから、お前さんが行ってくれればと云うので、私から計ったのですが、何分身分を上げる事もせず、まだあの頃は（時代が）切迫していなかったものですから格式を破るという具合にもゆかないので、それが第一の不平で八つ当たりです。始終部屋にばかり引っ込んでいるのですが、艦長の事ですから相談しないわけにも行かず、相談すると、『どうにでもしろ』という調子で、それからいろいろ反対もされるのにで実に困りました。甚だしいのは、太平洋の真ん中で『おれはこれから帰るからバッテーラ（ボート）

を降ろしてくれ』などと水夫《かこ》に命じたくらいです」

勝のこの態度で艦の統率がとれなくなって、遣米副使だった木村は本当はワシントンまで行く積もりでいたのを取り止め、「咸臨丸」で太平洋を戻るしかなかった。

そんなわけで帰国後、勝は海軍から外されてしまう。

「自分はすべてに於て不都合なことばかり重ねて来たこともあって、米国から帰朝後、直ちに罷免されてしまった。その後の二年間というものあらゆる関係を絶って家に籠っていた」と、自らを告白した手紙が残っている。

二年後、井伊大老暗殺後の安藤信正《あんどうのぶまさ》・久世広周《くぜひろちか》内閣により人事が刷新され、松平慶永《まつだいらよしなが》や大久保一翁など開国派の人々が復活した。それと共に勝にも変化が訪れる。まず軍艦操練所の頭取となり海軍に復帰し、ついで軍艦奉行並へと昇進した。彼が在職中に購入した外国船は順道丸をはじめとして十一隻に達している。

ちょうどその頃、軍艦奉行木村が上申した第一次海軍建設計画には「海軍を幕府で統括し、警備区域を東北・東海・西北・南海に分け、軍艦三百七十隻、乗組員六万一千二百五人」という目標が掲げられていた。その草案は小野友五郎の手によるものであった。

これに対して勝は「そんな計画が実現されるには百年はかかるだろう」と真っ向から水を差し、木村の計画を台無しにした。勝には、日本海軍は国内一致体制で行くという腹案があったので、幕府中心の海軍建設が気に入らなかったのである。

一八六三年、幕府が朝廷に妥協して、政治の中心が京都に移ると勝も正月を上方で迎えた。その際勝は将軍家茂や朝廷側の姉小路公知《あねのこうじきんとも》を説いて自分流の海軍創立を目論んだが、姉小路が暗殺されたことで、もろくもその夢は崩れ去った。しかし、神戸海軍操練所の設立の方はなんとか漕ぎ着けた。

勝が国内一致への道筋として期待を寄せていた朝廷と幕府との「参与会議」も一橋慶喜の反動的な態度によりあっけなく解体した。

一八六四年勝は軍艦奉行に出世したが、皮肉なことに彼はすでに幕府に見切りをつけていた。長州を滅ぼすつもりでいた西郷隆盛にむかって、幕府の人材不足と無能力さを説き、これからは雄藩（薩長）が国政を動かす時代であると口にした。西郷はその言葉に驚いたが、一方では悟るところがあって、以後長州の息の根を止めないように振る舞った。

やがて神戸海軍操練所に薩摩や土佐の藩士が含まれているのが明るみに出ると、勝は即刻お役御免となり、江戸に戻って逼塞を命じられた。操練所にいた坂本竜馬とその一派は、その後薩摩に身を寄せる。のみならず、坂本はその後薩長同盟*を企てる。

＊第二次征長戦争の頃より薩長両藩の指導層は急速に接近した。そして一八六六年、倒幕のための秘密同盟が結ばれた。

一年半後、勝は軍艦奉行として再度上方に呼び出された（一八六六）。京都では薩摩が再度の征長戦争に兵を出さないことを表明し、それまで親しかった会津藩との仲が非常に険悪になり、幕府軍は分裂の危機を迎えていた。それを調停するのが勝の役目だった。

その調停にかかっている間に、幕府軍が長州に攻めこみ逆にさんざんに打ち負かされてしまった。長州には薩長同盟により優秀な武器が入っていたからである。

勝は今度は長州との調停を頼まれ、徳川慶喜が大政奉還をすることを条件に調停に成功したが、京都に戻ると慶喜がそれを拒んでしまった。立場のなくなった勝は江戸に戻るしかなかった。

結局慶喜は、翌年土佐藩が薦めた大政奉還の案を呑むことになる。

それに応えて倒幕派は王政復古（江戸幕府の廃止）を宣言したが、それでも実際に政治を担当するのは列藩諸侯たちである。そうである限りいつ何時、徳川を中心にした諸侯会議が復活するとも限らない。

西郷が鳥羽《とば》・伏見《ふしみ》の開戦を心待ちにしていた理由がここにある。つまるところ薩長は武力で徳川家を倒し、諸侯を廃止するしか方法がなかった。

一八六八年、勝は陸軍総裁（幕閣の最高幹部）を命じられる。海軍総裁は矢田堀景蔵（一期生）、会計総裁は大久保一翁で、これらの実力者が揃ってしかるべき地位を与えられたときには、肝腎の幕府の方が無きに等しい存在であった。

官軍が江戸に迫った際、勝と西郷が薩摩屋敷で会談し、江戸開城を図ったのはよく知られている。しかし徳川家の処分までは話が及ばなかった。それをめぐって両者は拮抗し、時間だけが過ぎていった。その手詰まり感を打ち破ったのが上野の彰義隊との戦争で、いわば江戸総攻撃の代理戦争であった。

一日で官軍が勝利した後、徳川家は四百万石から一挙に駿府（静岡県）七十万石まで縮小されることが公表された。ここに徳川家復活の可能性は勝の構想と共に永久に潰えてしまった。勢いを得た官軍は、残った幕府軍を掃討するために東北や函館に向かった（戊辰《ぼしん》戦争）。明治五年、静岡から東京に戻った勝は新政府から海軍大輔に任じられた。明治八年、官を辞した勝は明治十年、新政府に背いた西郷との仲介役を求められたが、もはや動こうとはしなかった。

■海軍創立影の立役者・木村摂津守喜毅

木村喜毅は幕末に海軍建設計画を参画し、幕府海軍に最も力をそそいだ人物であったが、幕府瓦解の直前に自ら身を退き、明治になっても無位無官で通した。そのために海軍創立者は勝麟太郎と見られるようになったが、じつは彼こそが海軍創立の真の立て役者であった。

木村摂津守（1856年頃）　勝麟太郎より七歳若い（『軍艦奉行木村摂津守』から）

木村家は七代続いた旗本で、三代前から浜御殿（現浜離宮恩賜公園）奉行を世襲していた。十三歳で奉行見習となり、昌平黌《しょうへいこう》に学ぶ。十五歳で浜御殿添奉行を命じられ、十九歳で昌平黌乙科の試験に合格。当時、岩瀬忠震や堀利熙などの薫陶を受ける。ペリーが来航したのは彼が二十四歳のときであった（一八五三）。

一八五六年西之丸目付に抜擢された。当時の目付局は海防掛を兼任し、開国派の拠点だった。一八五七年長崎に赴任し、永井尚志の跡を継いで海軍伝習所の総督を命じられる。そのとき木村は二十八歳で、勝より七歳若かった。彼が最初に直面したのは伝習生たちの風紀粛正だった。「伝習生たちの不品行は聞きしにまさるもので、大いに嘆息した」と幕府への報告書にある。

また伝習の様子を目に見えるように述べている。

「西奉行所の書院に勝麟太郎をはじめ一同袴姿で出席し、中央にはシッポク台（テーブル）を据えコーヒーと果物などが置かれその周りに曲彔《きょくろく》（椅子）を並べ、鴨居の高さの粗末な板に大きな見台を脇に据え、その前でオランダ人教師が白墨で石板に図など描きながら、航海のことを説明する。それを直ちに通詞が翻訳したものを銘々が筆記する。実地調練は西の馬場で行われ、オランダ人士官が指揮を執り、日本人の号令教官に従って修める」

木村はそれまで制限されていた訓練海域を拡げ、長期の航海訓練ができるように計らった。そして咸臨丸の二度目の薩摩訪問の際には自らも同行し、島津斉彬に面会している。

一八五九年、幕府から伝習所の閉鎖を告げられたときには、「あと三、四年伝習を積まなければ海軍を起こすまでには到らないことは承知していたが、泣きの涙で従う他なかった」と回想している。のち木村が一八六七年にイギリス人教師団を招いてさらなる海軍伝習を企画した背景には、このときの無念が忘れられなかったからであろう。

木村は別れに際し、カッテンディーケとオランダ領事クルチウスを招き、その労を謝して家伝の名刀「関の兼光」を贈っている。

江戸に戻った木村は、幕府の中枢に心を許しあった同僚がいないのに驚いた。井伊大老による安政の大獄が始まり、開国派の岩瀬や永井等は職を解かれ追放されていた。

やがて木村は軍艦奉行へと進み、日米通商条約の批准のために遣米副使として渡米するのを命じられた。彼はそれが無謀で危険なことを重々承知していたが、自分がやらなければ海軍の端緒を開く者がいないのを知って、一死を賭してその命に従った。

それを耳にした福沢諭吉は、木村家と姻戚関係にあった江戸蘭学の桂川甫周《ほしゅう》を尋ねて木村を紹介してもらいその従者を志願した。当時自ら異国に行こうなどという者は少なく、彼の狙いはまんまと成功した。

渡米するに当たり木村は二つの重大な選択をした。一つはアメリカ海軍のベテランであるブルックとその部下を同乗させたこと、もう一つは彼らとの通訳に米国滞在経験者中浜万次郎を選んだことの二つである。この決定なしでは咸臨丸の航海は真実危うかった。

木村は勘定所から支出された金額とは別に、雑費を工面するために収集していた超一流の美術品を手放し、さらに借金をして三千五百両を用意し、それらを全て使い果たして帰国した。こういうことは身分の低い勝麟太郎にできることではない。*

＊『福翁自伝』に次のような個所がある。「ある日、船の後方にある部屋に行くと、室内にドルが何百枚か何千枚かしれぬほど散乱している。前夜の嵐の動揺で錠をおろしてあった戸袋からドルの入りの袋が戸を押し破って外に散乱したものと見える。私も加勢してドルを袋に入れて元の戸棚に戻した」

アメリカから帰国した木村は再び海軍奉行に戻り、近代海軍の骨組みを創るのに尽力した。

文久年間（一八六一〜三）は攘夷運動が激しくなるにつれて幕府もまた軍制改革を改めようと試みた年であった。

木村はまず人材の確保として矢田堀景蔵（一期生）、小野友五郎（一期生）、伴鉄太郎《ばんてつたろう》（二期生）、荒井郁之助《あらいいくのすけ》（軍艦操練所）、伊沢謹吾《いざわきんご》（二期生）、肥田浜五郎（二期生）等を軍艦頭取に任命した。海軍伝習所に学んだ彼らは「軍艦組」と呼ばれた。

うち小野と肥田の両名は国産一号の蒸気船千代田形の製造に着手する。それは完成までに四年半という長い時間を要したが、日本人の手で蒸気船を造るという黒船来航以来の夢を実現し、造船業という近代産業に最初の一歩踏み込むという画期的な業績を残した。

また幕府留学生を選びオランダに留学させたのも木村である。榎本武揚は海軍全般を、赤松大三郎は鉄船の造船を、沢太郎左衛門《さわたろうざえもん》は火薬製法造を学んでそれぞれ帰国し、各自の留学目的を果たした。

さらに木村はオランダより進んだイギリス海軍から外国人教師を招き、新たに伝習を開始しようとしたが、これは幕府瓦解のために中断された*（一八六七）。

*しかし明治六年、佐々倉桐太郎（一期生）の努力によりそれは実現され、イギリス海軍からダグラス教師団が招聘された。これにより日本海軍は世界に通用する資質を身につけた。

一八六三年将軍家茂の上洛に際し、木村も勝も海路を利用してもらうことで海軍に有利にことが運ぶよう努力したが結局、陸路が採用され二人を落胆させた。

それによって海軍建設の予算も吹き飛んでしまった。木村は将軍家茂が江戸を出発した後は家に引き籠もった。そしてそれに合わせるように彼を中心にまとまっていた「軍艦組」がいっせいに辞表を出した。その裏には木村の海軍建設計画を頓挫させた勝に対する反感が募ったためであるとされる。こうして千代田形を設計していた小野友五郎も海軍を去り、勘定方へと移った。

しかし人材不足の幕府は、そんな木村をさらに開成所（旧蕃書調所）の頭取にしたり、目付に戻したり、再度軍艦奉行にしたりした。

一八六七年、彼の長年に渡る努力が報われる日がやって来た。海軍階級俸給制度が確立し、服装の規定が定まったのである。逆にいえば、そんな基本的なことさえ、それまで制定されていなかったことが分かる（一八六頁の榎本武揚の制服姿はこれに準じたもの）。

明治に改る直前、木村は海軍所頭取を辞職し、家督を長男に譲り芥舟《かいしゅう》（これは海舟への当て付けだろうか）と号し、以後は世に出ることもなく明治四十三年七十二歳の生涯を閉じた。

新政府の軍備は、海軍を薩摩の大久保利通《おおくぼとしみち》、陸軍を長州大村益次郎《おおむらますじろう》が牽引した。大久保は海軍再建を図って、明治三年、勝により投獄されていた小野友五郎を含めて「軍艦組」の人々をそのまま海軍に移すのに成功した。結局、海軍伝習所に学んだ人々を除外して新しい日本海軍の基礎を築くことはできなかったのである。

なお木村の長子、木村浩吉《こうきち》は海軍少将となり、三男の駿吉《しゅんきち》は明治三十二年、三四式無線通信機の作製に専念し、日露戦争の際「敵艦見ゆ」の受信を見事に成功させ、秋山真之《あきやまさねゆき》から一方ならず感謝されている。

小野友五郎　和算家から出発した技術官僚

一八一七年、笠間藩の家臣小守氏に生まれ、同藩の小野柳五郎の養子となる。十六歳で算術世話役甲斐《かい》駒蔵《こまぞう》に入門し和算を習った。家が貧しく白紙を買うこともできず、反故《ほご》を裏返して之に当てたという。

二十五歳で江戸詰めとなる。江戸では関孝和《せきたかかず》の開いた一派「長谷川道場」に入門し算学に研鑽を積んだ結果、和算家として名前が知れるようになる。

当時幕府天文方でオランダの航海書を翻訳するに当たり、数学が必要となり、三十六歳の小野が天文方出役を命じられ翻訳事業に参加する。それは伊豆の韮山代官江川太郎左衛門が小野を推挙した結果であるといわれている。

小野友五郎（webより）

天文方では、蘭学者足立左内《あだちさない》の下でオランダ語を学ぶことができた。

一八五五年、スワルトの航海術書『渡海新編』四巻を翻訳し、それが認められて、長崎のオランダ海軍伝習所の一期生に選ばれる。三十九歳という比較的高齢の伝習生だった。

伝習生は旗本や御家人ばかりであったが、その中にあって彼だけが唯一の陪臣（笠間藩士）で、天文方出役という身分で伝習生に選出されている。

伝習所では代数・三角関数・球面三角法・対数などを算盤《そろばん》ではなく、アラビア数字を用いた洋算で学んだ。伝習所で用いられたピラールの『航海術』は小野が翻訳したスワルトの『渡海新編』と内容が近かったため、彼にとっては難解とは思えなかった。したがってオランダ人教師による伝習が終わると、数学が理解できなかった伝習生のために夜間集会を開いて、小野が補講を行った。数学が苦手だった勝麟太郎は、あるいは彼の補講に膝を交えたかもしれない。

教師団長のペルスライケンも、彼の抜きん出た数学の才能を認め、自室に招いて微分積分を個人教授したとされている。

第一次教師団団長ペルスライケン（『出島の医学』から）

一八五七年、オランダから寄贈された蒸気軍艦・観光丸に乗って江戸に戻った小野は、築地の海軍操練所教授方となり天文を担当した。

一八六〇年、四十五歳のとき航海長として咸臨丸に乗り込み、航海並びに測量を担当して渡米した。

小野は毎日天測を行い、船の位置を計測しその結果を掲示した。咸臨丸に同乗していたアメリカ士官ブルックがそれを見て、小野とは別に天測した結果を発表した。両者の数値はほぼ一致していたが、あるとき著しく異なってしまった。やがてそれがブルックの計算違いであったことが分かり、日本人は大いに鼻を高くした。

しかし船がサンフランシスコに近づいたとき、ブルックが明朝サンフランシスコの山々が見えるであろうと予言したのに対し、小野が午後にならないと見えないと異見を挟んだ。結果はブルックの勝利で、両者引き分けというかたちで終わった。以後、二人は生涯を通して友情を交わすことになる。

サンフランシスコの北にある「メーア島海軍造船所」では肥田浜五郎、赤松大三郎、鈴木長吉《すずきちょうきち》（君沢形をつくった伊豆の船大工）等と共に海軍造船所に入り、咸臨丸の修理の実態を見学することができた。

一八六〇年帰朝後、軍艦奉行木村の帰国報告を通して小野の話が将軍家茂の耳に届き、「お目見え」の栄誉も得た。彼の名はまたたく間に城内に広がった。

翌一八六一年、小野は晴れて幕臣になり江戸湾内の測量を開始すると同時に、蒸気船建造を上申し、実物の二十分の一の模型を製作した。その模型を用いて様々な水槽試験を行った結果、すべて予想通りの結果で、上司の木村から褒められている。

幕府から蒸気軍艦「千代田形」の建造許可が下りるとチームの編成が行われ、小野が主任となり赤松大五郎（三期生）が助手を務めた。船体の設計は春山弁蔵《はるやまべんぞう》（一期生）、建造は咸臨丸の渡米に参加した鈴木長吉、機関の設計には肥田浜五郎（二期生）、装具は安井畑蔵《やすいはたぞう》（二期生）、大砲は沢太郎左衛門（三期生）がそれぞれ分担した。最初から小野は肥田と共に、この計画にはいっさい

最初の国産蒸気艦千代田形（『日本海運図史』から）

外国人の手は借りまいと申し合わせていた。

肥田は長崎に行き、完成間もない長崎製鉄所で蒸気機関を設計・製作した。しかし、鋲打機《びょううちき》がなかったのでボイラーが造れなかった。幸いなことに佐賀の三重津海軍所がこの機械を購入していたので（一八六一）、ボイラーの方は佐賀藩に委託され、田中近左衛門、田中弥三郎（じつは田中久重《ひさしげ》と子の儀右衛門《ぎえもん》の変名）らがその製作に当たり、一八六三年ボイラーの部分を造りあげた。

一八六二年、幕府は外国勢が日本を攻撃する際、小笠原諸島の父島が軍艦集結の基地になるのを怖れて、外国奉行水野忠徳に命じ、島を開拓し植民することを図った。その際小野は軍艦頭取として「咸臨丸」に乗り組んだ。島にはすでに外国人が移住していたが、帰属意識が薄く無政府状態にあった。艦には通訳として中浜万次郎と、のち『幕末外交談』を著す田辺太一《たいち》（三期生）も乗り組んでいた。

その際小野は小笠原群島のみならず、さらに南に位置する火山列島（北硫黄島・硫黄島・南硫黄島）を含めて調査測量した。これにより今日の小笠原諸島が日本の領土であることを海外に主張することができた。[*]

＊小笠原諸島は一六七〇年漂流民により発見され、幕府による探検航海（一六七三）も行われていたが、一八三〇年以降ハワイから外国人が移住し住み着いていた。幕末の探検航海は彼らに島を日本領土と認めさせ、本土からの植民も計画されていたが、生麦事件のためにイギリスと対立することを恐れた幕府により中止された。しかしこの時つくられた地図は外交交渉の際、外国勢の主張を封じる切り札となった。

一八六三年、千代田形の船体の進水式が行われた。その名前は「千代田城」から来ており、将軍のお膝元でつくられたことを表している。計画では同艦を三十隻つくる予定であったが、結果的にこの一隻だけで終わった。「丸」ではなく「形」で呼ばれた理由はそこにある。

その後、肥田はオランダに石川島用の造船機材の購入を命じられ、二年間、千代田形から離れざるを得なくなった。

その間に、石川島造船所の拡充計画がとり止めとなり、新たにフランスと提携して大規模な横須賀製鉄所（のち造船所）が設立されることとなった。そのため肥田はオランダからフランスに移って、新たに造船所用の機械の買い付けに当たった。

一八六六年に肥田が帰国した後、機関部の据え付け工事が開始されたが、今度は第二次征長戦争で富士山丸の艦長を命じられたため、再び工事が中断された。同年夏、征長戦争に幕が引かれると、ようやく工事に戻ることができた。

千代田形には機関部の他に、砲台に備えるほど強力な大砲が一門と、後方に小砲二門が積載されたため喫水が深くなった。一方で千代田形は江戸湾の浅い領域にも進入しなければならない。

そのために平底構造が採用されたが、機関部が高さを取らないように設計に非常な苦労を強いられたという。

だが肥田の努力によりそれも解決され、蒸気機関は予想以上の馬力を出し、帆走のときには水平線下に収まった機関部が良きバラストとなって艦は安定を保った。彼がつくった機関部には前軸に大歯車を付け、後軸に小歯車を付けることで回転数を上げるという当時としては斬新な工夫が加えられていた。

こうして一八六七年、産業革命を経験しなかった日本で、日本人だけの手になる蒸気船が竣工した。それは幕末史の中でほとんど無視されているが、日本が誇るべきことではないだろうか。

すでに触れたように千代田形が完成した時、主任だった小野は勝が戻って来た海軍を嫌がって、勘定方吟味の職に移り（一八六三）、海軍には籍がなかった。

小野は一八六四年、勘定方で「金銀吹替並吹立御用」を申し渡され、外国貨幣との不利な交換比率を取り戻すために、銀の含有率を外国並にする仕事に従事した。それは同時に国内の物価高騰を招くという副作用をもたらした。その頃の勝の日記に「小野友五郎は、天下の大患を見ずして自分の立身を求めてこんな愚策を行っている」とある。二人はもはや憎しみ合っているという他はない。

同年「禁門の変」が起き、幕府に長州追討の勅命が下りた。小野はその兵站《へいたん》（物資の補給）に関わったが肝腎の幕府軍の進発はなく、長州は事実上降伏した。小野は広島方面の偵察を命じられ、黒竜丸で大坂へ行き廻船に乗り換えて広島に向かったが、途中、勝の神戸軍艦操練所に立ち寄っている。小野が江戸に戻った一ヶ月後操練所が閉鎖されたということは、小野の報告が関係しているとする見方もある。

一八六五年、第二次征長戦争の際、負け戦の多かった幕府軍の中で、小野は翔鶴丸で瀬戸内海の大島に上陸するという数少ない勝利を治めた。続いて小倉藩の小笠原壱岐守長行の下に行くように命じられたが、戦況の悪化のため赴任できなかった。そこに将軍家茂が亡くなったのですべての軍事行動が停止した。

江戸に呼び戻された小野は、今度は征長戦争の戦訓で得た第二次海軍拡張計画による軍艦調達のために米国に派遣される。使節団の外国方には、福沢諭吉、津田仙《つだせん》、尺振八《せきしんぱち》等がいた。一行は米国太平洋郵便船会社の蒸気船で太平洋を渡った。

富士山丸　米国から購入したもので、明治になると三隻からはじまった日本海軍の一翼を担った（『幕末の蒸気船物語』から）

幕府はすでに三隻の軍艦の購入資金を支払っていたが、南北戦争により富士山《ふじやま》丸の一隻しか入手できず、二隻分の注文をキャンセルした上で、精算してもらった過剰金で鉄板で武装した軍艦ストーンウォール・ジャクソン号[*]を購入した。その仲介役は咸臨丸以来の友人、ジョン・M・ブルックだった。

＊この軍艦はアメリカ南北戦争の折、南軍がフランスに発注したが完成したときには戦争が終わっていた。それを小野が購入契約したのであるが、ケープ・ホーン経由で日本に回航した時、榎本艦隊と官軍の両政府に分かれ

ていたため、アメリカ国旗を立てて局外中立を守った。やがて官軍が奥羽を平定したのち新政府側に引き渡され「甲鉄艦」と呼ばれた。

その後の甲鉄艦は函館戦争で活躍したのち「東艦《あずまかん》」と名前を改め、冨士山丸、千代田形と共に明治海軍で活躍した。明治海軍のはじまりはじつにこの三隻から出発するのである。

また、渡米した際に一行はアメリカ側の奨めもあって教育施設の現場を視察した。明治になって福沢が「慶應義塾」を、尺が「共立学舎」を、そして津田が「学農社（農学校）」を、さらに彼の娘津田梅子が「女子英学塾（津田塾大）」を興したのもそれと無関係とはいえないだろう。

幕府瓦解の直前、小野は勘定奉行並に補せられ小野内膳正広胖《ないぜんのしょうひろとき》を名乗り大坂にいた。「広胖」は、算学者としての号でもある。

鳥羽・伏見の戦いのときにも兵站を担当したが戦いは官軍有利のうちに進んだ。徳川慶喜は大坂城で家臣に檄《げき》を飛ばしたにもかかわらず、その夜、家臣を裏切って城を抜け出し軍艦で江戸へ脱走した。

小野は最後まで大坂城で残務整理に当たり、十八万両の軍用金を二隻の軍艦に積み、江戸まで無事に届けさせた。

当時陸軍総裁というトップの座に躍り出た勝は、幕府の体制を一新するという名目で、幕府の上層部を揃って免職とした。こうして小野は、勝により伝馬町の牢屋敷に入れられ、上野の彰義隊戦争の砲声を獄中で耳にした。

世の中が治まり徳川家の駿府移封が決まったのちも、小野は徳川家預かりのままで謹慎処分となった。新政府は人材不足の折から彼に何度も海軍への出仕をすすめたが、小野は首を縦に振らなかった。

明治三年、新橋・横浜間の鉄道敷設が計画されると、測量が得意だった彼はようやく役目を引き受けた。工事はお雇いイギリス人技師の下ではじめられたが、その日本人測量班の要員を彼が受け持った。

新橋・横浜間が開通した頃の工部省・鉄道寮の名簿には佐野常民《さのつねたみ》、矢田堀景蔵、井上勝《いのうえまさる》＊、佐《さ》藤政養《とうまさやす》など、海軍伝習所一期生が多かった。

＊六歳で萩藩野村家の養子となり弥吉と称した。江戸の蕃書調所、函館で洋学を学び、海軍伝習所には萩藩から野村弥吉として参加。一八六三年伊藤博文、井上馨、遠藤謹吾、山尾庸三ら四人と脱藩してイギリスに留学した。明治元年帰国して井上家に復籍した。鉄道官僚の道を進み、「日本鉄道の父」と仰がれている。

それが終わると、日本人だけで鉄道線路の調査に当たった。東京・京都を結ぶに当たり、イギリス人技師は東海道よりも中山道を進言したが、小野等は再三の実地踏査を行った上で、東海道幹線説を上申した。しかし東海道は大きな河を渡る橋梁を幾つもつくらねばならないのが難点となり、中山道の方が有利とされていた。

明治十九年、時の首相伊藤博文はその計画に政治的最終決断を下し、現在の東海道線に決着をみた。橋梁こそ多いが、中山道のように幾つものトンネルを掘る必要がないので、経済性を考慮すればこちらの方が有利であると読んだのであった。

小野はまた東北本線すなわち東京・青森間のルートも踏査・測量し、それは現在のものとほぼ変わっていない。つまり日本のインフラの最重要部は小野が決めたことになる。

また鉄道寮を退官したのちは、九州の鉄道測量にも手を伸ばしている。それは筑豊の炭鉱で掘り出された石炭を直方《のうがた》を経て若松港に運ぶ路線で、明治二十年代、私鉄の筑豊興業鉄道として建設され、九州における石炭輸送の動脈となった。

話は戻り、小野が木曽街道を測量中のことであるが、時の文部省が初等教育からそろばんを廃止する決定を下した。それを聞いた小野は急遽帰京し、文部省に珠算の効用を説明し、そろばんの廃止を取り消すように計らった。この時小野が抗議しなかったら日本からそろばんが姿を消していたかもしれない。

彼は明治になってからもアメリカのブルックと手紙を通じて日本の教育のあり方について互いの意見を交わしていた。

明治二十三年、幕臣以来の旧友栗本鋤雲《くりもとじょううん》と連名で漢字制限に関する建白書を文部省に差しだした。

それは公用文には漢字を制限し、誰もが読めるようにすること、人名・地名などのように制限からはみ出すものには仮名を振ること。そうすれば誰もが新聞・雑誌に目を通すこともでき、広く内外の知識を吸収できるという提言だった。その結果、明治三十三年、文部省は「国語調査委員会」を設け、今日に到っている。

七十六歳のとき、小学生の教科書『尋常小学校新撰洋算初歩』四巻を著している。

明治二十九年といえば小野が八十歳、勝が七十三歳の時のことであるが、維新の功労者を表彰する機関として「史談会」が設置され、幕末から維新にかけての活躍した人々を再評価するという動きが見られた。このとき、一八六八（明治元）年に於ける勝による小野の投獄が不当であったことが会の人々によって確認されている。晩年の勝はこれをどのような面持ちで耳にしたであろう。

多方面に活躍した小野は製塩法においても、三十年という長い間試行錯誤を重ねた挙げ句、ようやく「日本式天日製塩法」にたどり着いている。八十歳を越えてなお、人夫に伍して炎天下で製塩法の指導中、ついに倒れて帰京した。

明治三十一年、八十二歳という高齢で波乱に富んだ人生を閉じた。

■小野友五郎から訴えられた福沢諭吉

一八六七年小野友五郎が再渡米したとき、福沢諭吉が外国方翻訳御用として同行した。このとき福沢はすでに二回の洋行歴（新見遣米使節と竹内遣欧使節）があったにもかかわらず、その英語の能力は日常会話程度で、公用文書としてはとても通用しなかった。

福沢が開港直後の横浜で、もはやオランダ語の時代ではないと見抜いたのは正しかったが、当時英語ができた通詞森山栄之助は多忙過ぎて、十分に福沢に英語を教えることはできなかった。

したがって実際に交渉がはじまると、その通訳は彼の手に負えず、同行の津田仙（津田梅子の父）に押しつける始末であった。小野は、福沢が津田に押しつけた書類を再び福沢に戻し、自分で訳すように命じたが、いつまでたっても出来上がってこない。

やむなく小野は福沢を交渉から外し、津田を翻訳御用に命じた。すると福沢は「自分は交渉の席には顔を出さないが、議事録上では出席したことにしておいて欲しい」と申し出て、小野を呆れさせた。

小野はアメリカで福沢がしきりに書籍の購入に奔走しているのを知り、彼に二万ドルを渡し、幕府の必要書籍の購入を彼にまかせた。

すると福沢は自分の書籍代金まで公費の中に潜り込ませた。しかも購入するにあたり自分が交渉して卸値で仕入れるから、マージンは自分のものにしたいと小野に申し出た。それだけではない。持ち帰ろうとする大量の書籍は非常に重く、その運賃は馬鹿にならない。福沢は自分のものと幕府の荷物とを一緒にして運賃を済まそうとした。

乗船直前になって、それに気がついた小野が自分の分は自分で支払うように福沢に注意しても、言い訳ばかりして払おうとしなかった。

結局、福沢の荷物は神奈川奉行所で差し押さえられて、小野は福沢を告発、かつ自らは部下不取締の廉《かど》をもって進退届けを出した。

当然ながら福沢は、外国奉行からお咎《とが》めを受け、謹慎を申しつけられた。彼は暇になったのを幸いとばかりに、『西洋旅案内《せいようたびあんない》』を執筆したと『福翁自伝』にある。

この問題に判決が下りる前に、福沢は浦賀奉行所の中島三郎助《なかじまさぶろうすけ》の斡旋《あっせん》により復職することができ、書籍や荷物も手元に戻っていた。しかも一年後幕府が瓦解したので判決を免れることができた。

『近代日本の数学』の著者小倉金之助は、「小野友五郎の側から弁明を聞くことができないのは遺憾である」と書き残している。

これは明治になってからの話であるが、ジャーナリスト福地源一郎《ふくちげんいちろう》が、「幕府の買上げ品の手形に自分の代金を潜り込ませ、また両替の際の為替差金を自分が貰ったり、書籍の運賃を公金としたりすることで、全部で一万五千ドルほどを得をした」と福沢自身の証言を得ている。その額はアメリカで買い付けた新型大砲を二台が購入できる額に匹敵するというので相当大きな額にのぼる。

帰国後まもなく彼は新銭座《しんぜんざ》に有馬という大名の中屋敷を手にいれているが、いったい彼が得た資金は何処に費されたのであろうか。

福沢諭吉の伝記関係の書籍は、そのことには触れていないように思える。

第三章　江戸から脱走した幕臣

中島三郎助　浦賀奉行所が生んだ烈士

もし浦賀に異国船が現れる以前に中島三郎助が生きていたら、彼は浦賀奉行所の与力として好きな俳句や短歌をたしなんで、恙ない生涯を終えたことだろう。幕末の異国船の浦賀来航は、そんな彼の生涯を根底から覆してしまった。

江戸後期になると江戸湾入口にある浦賀には、次々と外国船が訪れて来る。それは一八〇四年、ロシア使節レザーノフが長崎に来航し、通商交渉に失敗したことが影響している。

中島三郎助　下の「米国ウンシン」は「アメリカ人ウィルソン」とされる（『中島三郎助と浦賀』から）

一八一八年、イギリス商船ブラザース号が浦賀に立ち寄って通商を要求したが断られた。

一八二二年、それは三郎助が生まれる一年前のことになるが、イギリスの捕鯨船サラセン号が補給のために浦賀に寄港した。その頃北太平洋の鯨を求めて多くの捕鯨船が日本に接近した。二年後イギリスの捕鯨船の乗組員が水戸藩の常陸大津浜に上陸し、これを契機に幕府は異国船打払い令（一八二五）を発令した。

一八三七年に来航したアメリカ商船モリソン号は日本人漂流民の返還と同時に通商を要求しようと浦賀に近づいたが、砲撃されて撤退を余儀なくされた。このとき十六歳の三郎助は観音崎台場に詰めており初めて異国船を目にしている。のみならず他の与力と共に銀二枚の褒賞を受けているので、何らかの活躍を見せたに違いない。

一八四五年、アメリカ捕鯨船マンハッタン号が浦賀に来港。幸いにも二年前に打払い令が薪水給与令に変わっていたので、砲撃されることもなく日本人漂流民二十二名を無事浦賀で下船させることができた。

一八四六年、アメリカ軍艦がビッドルを使節として通商を要求したが失敗。続いてデンマーク軍艦が補給のために寄港。

一八四九年、イギリス軍艦マリーナ号が寄港している。こうしてみると、奉行所で与力を勤めていた中島三郎助にとってペリー艦隊の来航はさほど驚愕する出来事ではなかったと思われる。

一八五三年七月八日明朝、ペリー提督率いる黒船四隻が浦賀に現れた。それまでの艦船と異なっていたのは、四隻のうち二隻が蒸気船であったこと、さらに艦隊が臨戦態勢に入っており、終始高圧的な姿勢で押し通した点である。

艦隊が投錨すると多数の和船が艦を囲んだ。サスケハナ号に最も接近した船には中島とオランダ通詞堀達之助が控えていた。堀は英語で「自分はオランダ語が話せる」と艦上に向かって叫んだ。

「高官以外に会う積もりはない」とオランダ語で主張するサスケハナ号の通訳ポートマンに向かって、中島は「自分は浦賀副奉行である」と真っ赤な嘘をついた。浦賀に副奉行などは存在せず、下手をすればそれは切腹ものだった。すると「何故、奉行が出てこないのか」と問われたので、「日本では奉行は沖合の船に乗ることは許されていない」とこれまた虚の言い訳をした。こうしてねばりにねばった末に、二人は軍艦に上るのが許された。

中島と堀は艦上でペリー代理のコンティー大尉に会った。大尉は自分たちは合衆国大統領からの親書を持ってきたこと、日本政府はその親書を手渡す日取りを決めるようにと二人に通告した。これに対して中島は「日本では長崎以外で外交交渉が許されていない、すみやかに長崎に向かうべきである」と返答した。

アメリカ側は長崎行きを拒否し、この場所できちんとした受け渡しが必要であり、もしわれわれに対して非礼を働くのであれば、只では済まないと威嚇した上で、先ず艦を取り巻きにしている船の群れを撤去するよう要求した。堀は、さっそく船縁から船に向かって立ち去るように命じた。それでも二、三艘の船が残っていたが、武器で嚇されると残らず引き上げた。このことを、ペリーは「日本への最初のパンチ」と表現している。

しかし日本側も負けてはいなかった。帰りしなに「明日は浦賀奉行を連れて来るだろう」と見得を切った中島は、翌日、同僚で義理の兄弟に当たる香山栄左衛門《かやまえいざえもん》を浦賀奉行に仕立てて、平然と黒船に乗り込みアメリカとの交渉に臨んだ。

交渉のかたわら、黒船を見せてもらった中島は、船尾に据えられた鉄製の巨砲を見て「ペキザン砲」であるのを見抜き、アメリカ側を驚かせた。日本人の口からよもやその言葉が出るとは思ってもみなかったからである。それはフランス人ペキザン将軍により発明された炸裂弾を放つ最新式の大砲で、日本には存在していなかった。

さらに日本の大砲の着火方式が火縄銃式の先込青銅砲であるのに対して、彼らのそれは雷管式元込砲であった。砲術を研究していた中島はそのことを正しく理解し、双方の武器に雲泥の差があるのを認めざるを得なかった。

それはそのまま幕府首脳部に伝えられ、戦を避けるためにも国書を受け取ることが決議された。七月十四日、ペリー一行が久里浜に上陸し俄にこしらえた応接所でアメリカの国書が日本側に渡された。両国ともほとんど無言で言葉を交わすこともなく、わずか二、三十分で終わった。

目的を果たして浦賀に戻ろうとするサスケハンナ号に浦賀の役人数名が同乗した。うち一人が中島であった。通訳のウィリアムスは彼のことを次のように記録している。

「彼らは甲板の大砲を色々な角度から測っていた。三郎助が銃立てからはずした銃を手に持って、マニュアル書で調べていたのが非常に面白かった。彼の顔は勇敢な英雄のように口が引き締まっていた。この男は、これまで艦上で会った人々の中では、とりわけ頑固で気むずかしい役人であった。そして穿鑿《せんさく》好きで何でも覗きまわり、目についたことを根掘り葉掘り調べる好感の持てない男であった」（『日本遠征随行記』）

最初の幕府軍艦「鳳凰丸」（『江戸時代の科学技術』図録から）

黒船が去ると中島はすぐさま幕府に海軍の創設を上申した。そして九月になって大型船建造の許可が下りた。

こうして中島、香山、佐々倉桐太郎《ささくらきりたろう》などの与力や同心十名が中心となって、浦賀で西洋式の軍艦建造が開始された。その際役に立ったのが異国船に乗船することで得た知識だった。

一八五四年、彼らがつくった船は二本マストで、船底には竜骨《キール》とまつら（肋材）を持っていた。長さ三十六メートル、幅九メートル、喫水四・五メートルほど、船体に十門の大砲を据えた「鳳凰《ほうおう》丸」である。

一八五五年、鳳凰丸は品川沖に回航され老中阿部正弘をはじめ高官たちが連日検分に訪れた。そしてその功績が中島をして長崎海軍伝習所に一期生として参加させることになる。

伝習所には他にも浦賀奉行所から、与力の佐々倉桐太郎*、同心の土屋忠次郎《つちやちゅうじろう》、山本金次郎《やまもときんじろう》、浜《はま》口興《ぐちこう》右衛門《えもん》、岡田井蔵《おかだいぞう》、春山弁蔵《はるやまべんぞう》、岩田平作《いわたへいさく》など、九名が参加している。

＊佐々倉桐太郎はのち山本、浜口、岡田の四人と共に、咸臨丸に運用方として乗り込み太平洋を横断した。帰国後は軍艦操練所の教授をしていたが、維新後は徳川慶喜に従い静岡に移住。明治三年、請われて「海軍兵学校」の校長を務めた。明治八年肺患のため四十六歳で死去。

なお同年中島が長崎に行く前のことであるが、半年ほど萩藩の桂小五郎（木戸孝允《きどたかよし》）が中島の下に入門し、砲術や造船術を学んでいる。萩藩は相模防備の際、三浦半島の西海岸を担当し、若き日の桂や伊藤博文が三浦海岸の近くに勤務していた。中島は桂の志に共感し、家族ぐるみで可愛がったという。

江戸から長崎の海軍伝習所に出かけるには、陸路組と海路組の二手に分かれた。浦賀の一行は薩摩がつくり幕府に進呈した洋式軍船「昌平丸」で出帆した。途中、「安政の大地震」の津波を受け難儀したが、十二月には長崎に無事入港できた。

伝習所での中島の記録は残されていないが、相変わらずの堅物で、遊び呆ける連中を叱り飛ばしていたらしい。

一八五七年、一期生のほとんどが江戸に帰ったのに中島は勝と同じく長崎に残った。したがって五島、対馬などへの実習航海にも参加し、操船や造船についてのさらなる体験を積むことができた。

彼が長崎で購入したオランダの書籍が二冊残されている。『造船と航海の歴史についての講義』と『台風を避ける実践的方法』がそれである。

一八五八年、幕府がイギリスから購入した洋式帆船「鵬翔丸」で浦賀に戻った中島は、築地の軍艦操練所の教授方を命じられた。

一八六〇年、日米和親条約批准のために副艦として咸臨丸が同行することになったが、その乗組員として浦賀奉行所から、佐々倉をはじめ四名が選ばれたがリーダー格であった中島は選出されなかった。これについては持病の喘息《ぜんそく》で健康が優れなかったとか、後進に道をゆずったなどの説が囁かれているが、本当のところは分かっていない。中には勝と中島と折り合いが悪く、勝が乗組員の選定に当たり中島を外したとする説さえある。

二人が気が合わなかったのは事実のようで、吉田松陰から桂小五郎に当てた手紙にも「勝海舟も中島三郎助も得がたい才能の持ち主であるが、犬のようにかみつきあって、仲違いすることは嘆かわしい」とある。*

＊しかし松陰自らが勝と中島の関係など知る由もない。可能性としては、長州から参加した伝習生の手紙で事情を入手したのであろう。

中島は軍艦操練所では頭取手伝を命じられ、軍艦建造や大砲の操作などを教えていたが、翌一八六一年秋、病気を理由に浦賀奉行所に戻った。その彼の下を桂が訪れている。海軍伝習所で萩藩士が彼の世話になったことへのお礼であった。

一八六二年、中島が辞めた操練所に、彼とは反りの合わない勝が頭取として海軍に返り咲いた。もしかするとそれを察した中島が自ら身を退いた可能性も考えられる。

同年島津久光が江戸を去る際に、生麦《なまむぎ》村で大名行列を乱したイギリス人を薩摩藩士が殺傷するという事件が起き、江戸湾に緊張が走った。

当時幕府の中枢は京都で天皇や公家たちとの折衝で振り回されており、事件の賠償金問題は後回しにされていた。横浜や江戸の人々はイギリスとの間で戦争が起きることを怖れて疎開をはじめた。浦賀も一時は臨戦態勢が張られたが、期日ぎりぎりになって小笠原図書守長行《おがさわらずしょのかみながみち》が賠償金を払うことで事件に決着がつけられた。

一八六三年、将軍家茂の海路上洛のための手配や準備に謀殺されたが、海上にイギリスの軍艦がいるという理由で中止になった。

一八六四年、中島の父・清司が七十一歳で亡くなった。

一八六六年、四十五歳で与力職を長男・恒太郎《こうたろう》に譲り、自らは隠居した。しかし幕末という時代はそんな中島に平穏な暮らしを許すほど甘いものではなかった。

一八六七年、オランダに注文していた軍艦「開陽丸」が榎本武揚によって日本に回航されると、彼は軍艦出役を命じられた。開陽丸は長さ約七十四メートル、幅十三メートル半、四百馬力で、二千八百トンという巨体に二十六門の大砲を搭載した最新鋭艦だった。

その冬、中島が謹慎中の福沢諭吉を訪ねたことが『福翁自伝』に登場する。

「ある日、中島三郎助という人が私のところに来て『ドウしてひっこんでいるか』『こういう次第でひっこんでいる』『ソリャどうもとんだことだ、この忙しい世の中におまえがひっこんでいるということか、すぐ出ろ』『出ろッたって、出さぬものを出られないじゃないか』『よろしい、拙者がすぐに出してやる』と言って、それからそのときに稲葉美濃守《いなばみののかみ》という老中があって、ソコに中島が行って、福沢をひっこませておかないで出すようにしたらよかろうというようなことになって、それから再び出ることになった」

このとき諭吉がどのような弁解をしたのか一切書かれていないが、諭吉はアメリカで書籍の購買に関して不正を行い、いったん外国方をクビになっていた。しかし中島の口利きで元の莢《さや》に納まることができた。人の縁とは不思議なものである。

一八六八年正月、京都の鳥羽・伏見で官軍と幕府軍が衝突した。そのとき大坂湾沖には、開陽丸をはじめとする五隻の軍艦が臨戦態勢で戦の行方を見守っていた。中島は順動丸に搭乗していた。しかし幕府陸軍は大坂まで敗退したのみならず、徳川慶喜は幕臣たちを裏切って深夜、開陽丸で江戸に脱走した。

江戸に戻った慶喜は主戦派の小栗忠順《おぐりただまさ》を罷免し、恭順の姿勢を貫き、勝麟太郎を陸軍総裁に立てて薩長との仲裁を依頼した。こうして勝は東征軍参謀・西郷隆盛と会談し、慶喜の助命、江戸城の明け渡しなどを提案、西郷もこれを呑んだ。慶喜は水戸家お預けとなり、ここに江戸幕府は二百六十余年にわたる歴史に終止符を打った。

浦賀奉行所は佐賀藩に接収され、中島の家族は新たに徳川家の所領とされた静岡に移住した。

十月、官軍に投降するのを潔しとしない榎本武揚は、開陽丸を旗艦とした八隻の軍艦で函館の五稜郭を目指した。その際、中島も開陽丸の機関長を命じられ乗船した。

同年つくられた彼の俳句、「乙鳥《つばくら》（つばめ）や明日は常磐《ときわ》の国の春」には微塵も暗いところは見られない。

しかし、彼らが出航した八月は新暦の十月に当たり台風シーズンであった。艦隊は江戸湾を出たばかりのところで「回天」に曳航されていた咸臨丸（当時は機関が外され帆船だった）が座礁した。半日かけて離礁したが、次の夜も暴風雨で咸臨丸と蟠竜丸の二艦を見失った。

二艦とも徳川藩の清水港に流され、蟠竜丸は修理を施したのち仙台めざして出港することができた。それから一週間後、榎本艦隊の脱走を知った新政府は富士山丸を含む三艦を清水に差し向け、動けないでいた咸臨丸を攻撃した。このとき千代田形の造船に関わった春山弁蔵が戦闘の末、死亡している。

美嘉保丸も同じ暴風雨の中で開陽丸と結ばれていた曳綱が切れ、銚子沖で座礁、十数人の死亡者を出した。

ばらばらになった艦隊はいったん仙台に集結し、艦の修理に当たった。中島はその仙台の湾内で浦賀で造られた鳳凰丸と再会することができ大いに喜んだ。

その頃になると会津が落城し、関東や奥羽に転戦していた旧幕府軍が最後の望みをかけて続々と仙台に集結してきた。歩兵奉行松平太郎《まつだいらたろう》、陸軍奉行竹中重固《たけなかしげかた》、歩兵奉行並大鳥圭介《おおとりけいすけ》、新撰組副長土方歳三《ひじかたとしぞう》、衝鋒隊長古屋佐久左衛門《ふるやさくえもん》、遊撃隊長人見勝太郎《ひとみかつたろう》、桑名藩主松平定敬《まつだいらさだあき》、備中藩主板《いた》倉勝静《くらかつきよ》、唐津藩主小笠原長行など、帰るべき城を失った大名や、脱走した兵隊など二千七百名がいた。「開陽丸」が彼等を収容し、函館に着いた時にはすでに冬が始まろうとしていた。

中島は榎本政権の下で函館奉行並に任命された。彼には二人の息子が同行していた。

十一月、榎本軍を受け入れようとしなかった松前藩の福山城を土方歳三が落とした。落ちのびた藩主が江差に逃れたというので「開陽丸」も江差を目指した。そこで冬の低気圧による大風を受けて「開陽丸」は翻弄され座礁、ついには沈没してしまった。冬の北海道に於ける低気圧の強暴さは今日でも良く知られている。

榎本軍の士気は著しく低下した。

翌明治二年六月、倒幕軍は函館を制圧し、五稜郭めざして進軍を開始した。五稜郭の前面に位置する千代ヶ岡は中島親子が守りに入っていた。彼らの危機を察した榎本軍は「すみやかに営を焼き、五稜郭に来て共に守らん」と使者を出したが、中島は「我はこの地を墳墓と定め候」と台場から撤退するのを拒んだ。

かつて小野友五郎がアメリカから購入し幕府軍に渡るはずだった軍艦「甲鉄」が海上から艦砲射撃を開始した。弾丸は海を越えて五稜郭の望楼や兵舎を吹き飛ばし、脱走者があいついだ。

二十五日の明け方から総攻撃の火ぶたが切られた。戦いは一時間ほどで終わった。

中島は堀ノ内で胸を撃たれた。長男恒太郎二十一歳、次男栄次郎十八歳も刀を上げながら敵陣へ切り込み狙撃された。他に中島を慕って浦賀から行動を共にした十代の若者たちが戦死した。

一枚の中島三郎助の写真が残されている。撮ったのは幕末の写真師下岡蓮杖《しもおかれんじょう》。遥か彼方を見通すようなまなざしに、一の字に結んだ口元はウィリアムスが指摘した通り、いかにも意志の強そうな人柄を窺うことができる。

下岡は中島の死を伝え聞き、所持していた写真の背後に自ら筆を執った。「幕臣中島三郎助明治年間　函館ニ於テ戦死　兄弟三名倶ニ死ス　各《おのおの》忠勇比類無シト言伝フ」。

数年後、中島の妻すずの下に三郎助の遺書が届けられた。

「我多年の病身にて若死にいたすべきところ、はからずも四十九年の星霜を経しは天幸というべきや。こたび、いよいよ決戦、いさぎよく討死と覚悟致し候。されど恒太郎、英次郎、浦賀より従い来たる者も同様の決意を申し入れたるは心苦しき限りにて候。幾たび翻意を説き候えども聞き入れざれば、今や是非もなしと存じ候。榎本どのらは、五稜郭にこもりて討死の覚悟。いずれあの世でお会い致すべしと笑い、あい別れ候。そなたには、不肖の身の永年にわたるお尽くし下されよう、あらためてお礼申し上げ候。心を強く持ち、賊臣の妻と後指さされようともくじけず、子らを宜しくお頼み申し候。もし、男児出生を得たれば、我が微衷を継ぎて徳川家至大の御恩沢を忘却いたさず、忠勤を遂ぐべきこと頼み入り申し候。短刀は、その子への形見としてお贈り申し候。以上

明治二年四月七日　　　　　　　　　　中島三郎助永胤《ながたね》

おすずどの

尚々、御母上様、積年の御高恩にも報いずお先に遠行いたすこと、宜しく申し上げ下され候

辞世の歌

あらし吹く夕べの花ぞ目出たけれ

散らで過ぐべき世にしあらねば

空蟬のからの衣をぬぎ捨てて

名をや残さん千代ヶ岡辺に　　　　永胤

辞世の句

ほととぎすわれも血を吐く思ひかな　木鶏《もっけい》」*

*木製の闘鶏で、真に強い者は敵に動じないことの喩え。

明治元年上京した桂小五郎は、中島が戦死したのではないかと心配してその寓居を訪れたが、すでに榎本艦隊にあってもぬけの殻だった。その後、銚子沖で嵐に遭って船が転覆し死亡したという噂が届き、日記に「彼は恩人にて常に忘れ得ず、今日これを聞いて惨憺に堪えず」と書き入れた。

明治九年になって、中島の未亡人が遺児二人を連れて桂を尋ねてきた。そこで中島の本当の死に様を聞かされて改めて涙を流した。その結果、中島の三男與曾八《よそはち》（のち海軍機関中将）は、桂や佐々倉桐太郎、香山栄左衛門らの援助を受けて成長し、娘は榎本武揚が引き取り養女とした。

■幕府が所有していた艦船

幕府が所有していた艦船を「軍艦」と、外国から購入した「諸船」とに分けて示せば次表の通りである。

〈軍艦十隻〉

艦名	艦種	砲数	馬力	製造	製造年	受取年	受取価格
観光丸	コルベット	六	一五〇	オランダ	一八五〇	一八五五	蘭王贈呈
咸臨丸	コルベット	十二	一〇〇	オランダ	一八五六	一八五七	十万ドル
蟠竜丸	ヨット	四十一	一二八	イギリス	一八五六	一八五八	英女王贈呈
朝陽丸	コルベット	十二	一〇〇	オランダ	一八五六	一八五八	十万ドル

富士山丸	スループ	十二	三五〇	アメリカ	一八六四	一八六五	二十四万ドル
回　天	コルベット	十三	四〇〇	プロシャ	一八五五	一八六六	十八万ドル
開陽丸	コルベット	三十四	四〇〇	オランダ	一八六六	一八六七	四十万ドル
陽春丸	―	六	二八〇	アメリカ	一八六四	一八六八	十一万ドル
甲鉄＊	コルベット	四	一二〇〇	アメリカ	一八六四	一八六九	四十万ドル
千代田形	スクーナー	三	六〇	日　本	一八六七	―	―
				総計購入価格　百五十三万ドル			

＊「甲鉄」は「ストーンウォール・ジャクソン号」

○表の中で「朝陽」から「富士山」までの間に七年間のブランクがある。その間に通商条約が締結され自由貿易が始まった。その結果国内の物価の高騰を招き、不満勢力（主に武士階級）が朝廷を中心に結集し、幕府は彼らを説得するためにも「武備の充実」を約束しなければならず、幕府を海軍拡張へと向かわせた。

〈諸船二五隻〉

艦名	艦種	船質	馬力	製造	造年	受取年	購入価格
鵬翔丸	バルク＊	木	―	イギリス	一八五七	一八五八	一六、〇〇〇ドル
千秋丸	バルク	木	―	アメリカ	一八五一	一八六一	二二、〇〇〇ドル
健順丸	バルク	木	―	アメリカ	一八五六	一八六一	三四、〇〇〇ドル
千歳丸	バルク	木	―	イギリス	一八五五	一八六二	一五〇、〇〇〇ドル

艦名	艦種	船質	馬力	製造	造年	受取年	購入価格
順動丸	蒸気外車	鉄	三六〇	イギリス	一八六一	一八六二	四二、五〇〇ドル
昌光丸	蒸気内車	鉄	五〇	イギリス	一八六〇	一八六三	六六、〇〇〇ドル
長崎一番	蒸気外車	鉄	六〇	イギリス	一八五七	一八六三	六六、〇〇〇ドル
協隣丸	蒸気外車	木	九〇	アメリカ	一八六〇	一八六三	一三五、〇〇〇ドル
長崎丸	蒸気外車	木	六〇	イギリス	一八四六	一八六三	四八、〇〇〇ドル
太平丸	蒸気外車	鉄	三五五	イギリス	一八五九	一八六三	一九五、〇〇〇ドル
長崎二番	蒸気内車	鉄	一二〇	イギリス	一八六二	一八六三	一〇〇、〇〇〇ドル
エルシールルラス	蒸気内車	鉄	二五	イギリス	一八五五	一八六三	三〇、〇〇〇ドル
翔鶴丸	蒸気外車	木	三五〇	アメリカ	一八五七	一八六三	一四五、〇〇〇ドル
神速丸	蒸気外車	木	九〇	―	一八六一	一八六四	四七、五〇〇ドル
黒龍丸	蒸気外車	木	一〇〇	アメリカ	一八六三	一八六四	一二五、〇〇〇ドル
大江丸	蒸気外車	木	一二〇	―	一八六一	一八六四	一一〇、〇〇〇ドル
美嘉保丸	バルク	木	―	プロシャ	―	一八六五	三五、〇〇〇ドル
鶴港丸	バルク	木	―	アメリカ	一八五四	一八六五	三五、〇〇〇ドル
龍翔丸	蒸気内車	鉄	三五	イギリス	一八六三	一八六六	三〇、〇〇〇ドル
長鯨丸	蒸気外車	鉄	三〇〇	イギリス	一八六四	一八六六	二〇〇、〇〇〇ドル
奇捷丸	蒸気内車	鉄	一五〇	イギリス	一八六四	一八六六	一〇五、〇〇〇ドル
ケストル	蒸気内車	木	四〇	イギリス	―	一八六六	六〇、〇〇〇ドル
行速丸	蒸気外車	木	二五〇	アメリカ	一八六〇	一八六六	七五、〇〇〇ドル

千歳丸	バルク	木	―	イギリス	一八六五	一八六六	三〇、〇〇〇ドル
飛龍丸	蒸気内車	木	九〇	アメリカ	一八六四	一八六七	八〇、〇〇〇ドル
総計購入価格百九十一万六千ドル							

＊バルクは帆船

○鵬翔丸は佐賀藩がオランダに注文した工作機械を長崎に運んできた帆船で、それを幕府が買い上げた。

○残りの船はすべて文久（一八六一～六四）、から慶応（一八六五～六八）の海軍拡張路線に添って購入されている。

○当時東洋に航路を持っていたのはイギリスとアメリカで、オランダはもはやそこまでの力がなかった。したがって専ら英米の中古船が購入され、その仲介役にグラバーが活躍した。幕府オランダ留学生の件や、開陽丸にしても、初めはアメリカに予定されたものが南北戦争で中止となり、オランダに変更された。

○以上、幕府海軍が保有していた蒸気船は二十八隻、洋式帆船七隻合計、三十五隻で他藩を圧倒的にリードしていた。

○ちなみに薩摩藩は蒸気船十六隻、洋式帆船五隻。長州は蒸気船五隻と洋式帆船二隻、佐賀藩は五隻の蒸気船を有していた。

○古賀十二郎の『長崎文化』によれば、幕末に船舶の購入に用いた費用は未詳の分を除いても、「全部で七百八十三万ドルと金八千万両にのぼる」とある。

松本良順　近代医学の扉を開けた御典医

幕末の蘭法医に佐藤泰然《たいぜん》という人がいる。

彼は一八三五年長崎に遊学、オランダ通詞末永《すえなが》甚左衛門《じんざえもん》宅に寄宿して蘭学を学んだ。三年後江戸に戻り和田塾（当時は和田姓だった）を開いたが、一八四三年上総《かずさ》の佐倉に移り住み、医学塾「順天堂」を開いた。

その泰然の次男が順之助で一八三二年、江戸で生まれている。七歳のとき父から種痘を受けた。父は長崎遊学中、我が国初の種痘を成功させた楢林宗建《ならばやしそうけん》にも学んでいたので、ジェンナーのように自分の子供に種痘を試みたのである。

順之助十一歳のとき父は佐倉に移るが、彼は江戸

松本良順（『出島の医学』から）

ポンペ
(『日蘭交流の歴史を歩く』から)

に残って蘭法を学んだ。十七歳のとき幕府の御典医松本良甫《りょうほ》が、この順之助に目をつけて養子にしたいと申し出た。

ところが当時は幕府が蘭学者に加えた弾圧事件「蛮社《ばんしゃ》の獄」の影響で漢方医たちが勢力をふるっており、この養子縁組に横槍を入れて来た。すなわち漢方の試験を受けてパスしなければ縁組みを認めないと言ってきたのである。猶予は二ヶ月しかなかった。

順之は考えた。相手方の目的は自分を貶《おとし》めるところにある。ならば難問中の難問が出題されるに違いない。だったら自分はその難問に的を絞って勉強すれば良いと。彼の読みは的中し、試験のすべての科目に明確に答えることができた。その代わり試験が終って門を出た拍子に、頭を使い過ぎて鼻血が吹き出たという。

こうして無事御典医の松本家を継ぐことができ、松本良順(順だけのときもある)を名乗った。二十四歳のとき幕府に出仕、新しい蘭法を学ばんと海軍伝習所総督永井尚志などに根回しした結果、二十七歳で第三期海軍伝習に参加することができた。

医学伝習の師はユトレヒト陸軍軍医学校で学んだポンペ＝フアン＝メーアデルフォールトである。

ポンペはオランダ語で講義をするので、松本は完璧を期するため、弟子で語学の天才・司馬凌海《りょうかい》を招いた。司馬は佐渡新町の出身で、蘭・英・独・仏・中・露の六カ国語に通じていたという。二人は講義のノートをつくる際、数多くの医学用語の日本語訳を制定した。

最初の講義は松本一人だったが、声掛けなどするうちに長崎や他藩の医師などが増えていった。しかし彼らはあくまでも松本の門下生という身分で講義を聴き、ノートを筆写した。

ポンペの教育は西洋医学を総合的に教えるもので、それは日本人にとってはじめての経験だった。シーボルトは名医呼ばわれされても、医学全般にわたる知識を植え付けることはできなかった。

ポンペはそれまで日本人に混同されていた基礎医学と臨床医学とを区別して、学科のすべてを順を追って系統的に教えてくれた。

ここでもポンペは通詞が医学用語の意味を良く解せず、翻訳するのに時間がかかり過ぎるのに悩まされた。しかし、時間がたつにつれて彼の方も日本語が少しずつ分かるようになり、終いには通詞の誤訳を指摘できるまでになっていった。

初め講義時間は、午前二時間午後二時間の四時間とし、生徒達が十分に復習ができるように配慮がなされていた。その後慣れてくると一日五時間の講義へと変わっていった。

一八五九年の時間割は次表の通り。

曜日	午前	午後
月	基礎医学	化学
火	解剖学	生理学
水	基礎医学	化学
木	解剖学	生理学

金	基礎医学	化学
土	解剖学	鉱採学

最後の採鉱学（石炭の採掘法）は幕府や佐賀藩の要請に応えて、ポンペが新たに加えたものである。

大村藩の医師長与専斎《ながよせんさい》は大坂の適塾で学んでいたが、師緒方洪庵《おがたこうあん》の指示により長崎に遊学した。彼がポンペの下で講義をうけたときの新鮮な驚きが次のように記されている。

「つらつら学問の仕方を観察するに、従前とは大なる相違にて、きわめて平易なる言語即文章を以て直ちに事実の正味を説明し、文字章句の穿鑿《せんさく》の如きは毫《ごう》も歯牙《しが》にかくることなく、病床・薬物・器具その他種々の名物記号の類、かつて冥捜暗索《めいそうあんさく》の中に幾多の日月を費やしたる疑義難題《ぎぎなんだい》も、物に就《つ》き図に示し一目瞭然に掌《てのひら》に指す如くなれば、字書（辞書）の如きはほとんど机上のかざりものに過ぎず。日々の講義をよく理解し、よく記憶すれば日々に新たなる事を知り、新たなる理を解し、また一字一章の阻礙《そぎ》（不明なこと）することなく坦々《たんたん》として大道《だいどう》を履《ふ》むが如くなりき」

要するに、ポンペの講義はそれまで困難を極めていた医術を、平明な言葉や図解を用いて単刀直入に解説し、辞書さえ不要と思われるほどやさしく説いたというのである。

長崎奉行所西役所で開始されたポンペの講義はやがて手狭になり、大村町の高島秋帆《たかしましゅうはん》本宅の一角にある二階屋に移った。それまで本蓮寺に宿泊していた松本も、同所に移り住んだ。

移ってまもなく、疱瘡が流行の兆しを見せていたのでポンペは公開種痘を行い、一、二歳の子供たちに自ら種痘の接種を行った。

当時の長崎には最初（一八四八）に持ち込まれた苗痘も尽きてしまい、ポンペはバタビアから新たに苗痘を取り寄せた。一方、奉行所もポンペのために牛を提供した。こうして牛に苗痘を植え付け、再度牛から大量の苗痘を得た。それを初年度に二百十八名、翌年には一三〇〇名の幼児に接種することができた。

松本がこの大村町に住んでいたある日のこと、塾生二名と納涼船に乗って楽しく過ごし、夜半を過ぎた頃に宿舎に戻ったところ、そこに贈り物が届けられていた。開けて見ると鶏と胡瓜《きゅうり》を煮て葛粉で溶いた見るからに美味そうな料理であった。

腹も減っておりペロリとたいらげたところ、一時間後にたちまち激しい腹痛に襲われた。厠《かわや》から這い出て、声を出そうにも声が枯れて出ない。これはコレラだと彼は直感した。

すぐに長崎の医者吉雄圭斎《よしおけいさい》に来てもらうと、「講義でコレラの話を聞き過ぎて、精神に異常をきたしたのであろう」と言った。

松本は、「君の診断などどうでも良い、すぐにポンペ先生を呼んでくれ」と頼み、ポンペの診断を受けたところ案の定、コレラであった。

一八五八年、中国経由で入ってきたアメリカ軍艦ミシシッピ号が、船員の中にコレラ患者を含んでいたため、コレラが上陸し、長崎から江戸までまたたくまに蔓延し、『武江年表』によれば、江戸では二万八千人という死亡者を出した。

ポンペと松本の二人は、そのコレラの流行を知るや直ちに治療法を調査・研究した。二人は、

養生所は日本初の西洋式病院で、両国の国旗が掲げられている
（『出島の医学』から）

ポンペの数ある蔵書の中から調べ上げた結果、インド滞在の経験を持つイギリス人医師ヴンデルリッヒの処方を最も高く評価した。吉雄はそのことを知っていたので、松本に向かって「勉強しすぎて頭が可笑しくなった」と思い違いをしたのだった。

ポンペはイギリス人医師の処方に従って、硫酸キニーネと阿片を松本に飲ませ、温浴を施したところ体調は元通りに回復した。

長崎学の権威で医師でもあった中西啓《なかにしあきら》は「まだ病原菌の発見もなく抗生物質もない時代の話で、対症療法に終始したのはやむを得ないが、当時としては予防医学の立場で指導をしたポンペの卓見は注目に値する」（『長崎のオランダ医たち』）と高く評している。

コレラの流行を契機にポンペは幕府にヨーロッパ式病院の設立と解剖実習、図書館、化学実験室、外科用器具などの必要性を上申した。松本は病院を不要として反対していた当時の長崎奉行に幾度も奔走し掛け合った末、ついに幕府から病院設立の許可を得ることができた。

それは一八六一年に完成し、「小島養生所《こしまようじょうしょ》」（現・左古小学校跡地）と称された。建物はH字型二階建、ガラス窓、瓦葺き木造で、一棟に二〇〇ベットを収容し、中央を廊下で連絡し、手術室・事務室・医師室・看護室・薬局、その他に炊事場、洗濯場、リネン室などをすべて完備していた。日本で初めての西洋式病院だった。伝習も大村町から養生所へと移った。

養生所が完成する前（一八五九）、ポンペが長崎奉行に要請していた死刑囚の解剖実習が西坂刑場で行われた。最初それを伝え聞いた囚人たちは、死体を切り刻むことに猛反対した。

そこで松本は獄に出かけ、「悪事をなした囚人といえども、その屍《かばね》でもって万人の治療に役立つのであるから未来永劫、極楽浄土で暮らすことができる。解剖が終わった後は、この私が施主となって高僧を招き大法会を開き、その後ねんごろにお墓に葬ることを約束する」と、説いて聞かせたところ反対の声はたちまち納まった。

その日、西坂刑場には奉行所から役人五十人が派遣され厳重な警固に当たった。第一日目は内臓、二日目は神経と血管、最後の日は脳という段取りで、実習ではポンペ立ち会いの下、生徒達がメスを執った。

四十六人の生徒の中にシーボルトの娘楠本イネの姿があった。

当時シーボルトは二度目の来日を果たし刑場近くの本蓮寺に寄宿していたので、解剖実習のことを知り娘を参加させたい希望を申し出たのではないか、と中西啓は言う。

ところで長崎海軍伝習所は一八五九年、井伊大老によって突然閉鎖を命じられる。せっかくの医学伝習が中途で断たれるのを知り、松本は肩を落とした。しかし幸いなことにポンペは出島の医師として日本に留まることが決まった。そこで松本は、次は自分が長崎に留まれば伝習が続けられると考えた。

彼は医学伝習が道半ばであることを長崎奉行や商館長クルチウスに訴え、彼等を通して長崎滞在の延長を願い出た。

すると井伊大老は「いったん発した命令は取り消すわけにゆかぬ。自分はすみやかに帰府すべしと命じるが、その際、長崎奉行を通して再度願いを出すように」と命じた。

そこで言われた通りにすると、大老は「医学生一人くらい自分が忘れていたことにすれば何の問題もない。留学費その他いっさい今まで通りにせよ」と、奉行への私信に告げてきた。これを知って松本は「井伊はまことに大老の器」と感激した。概して評判の悪い井伊直弼は、松本にとっては例外であった。

こうして、医学伝習は、松本が医学全般を卒業するまで五年間（一八五七〜六二）継続された。ポンペが養生所で扱った患者は九百三十人で、うち七百四十人が完治し、九十四人は長期治療で退院、九十四人は不完全治療のまま退院した。死亡者は十三人、うち七人がコレラであった。

ポンペの医学講義は、出島の印刷所でオランダ人インデルマウルによって刊行された。オランダ語の『薬学指南』がそれである。

彼の医学の特色は軍医だったところから、臨床的で救急治療に直ちに役立つ実学《じつがく》であった。そしてそれは明治初期に到るまで日本の医学史に大きな影響を及ぼした。*

＊ポンペは医学の他に写真の分野でも上野彦馬と共に名前を残している。彼は一八五七年長崎に着くとまもなく舎密（化学）試験所を開き、松本良順、吉雄圭斎、上野彦馬らに化学（写真術を含む）を指導した。一八五八

年、上野はおぼろげながら松本の撮影に成功したとされる。翌年ポンペは来日したフランス人ロシェの力を得て湿板写真の撮影に成功した。

攘夷派の運動が最も盛んになる一八六三年、江戸に戻った松本は幕府の「西洋医学所（現東大医学部の前身）」の副頭取となった。しかし頭取の緒方洪庵が急死したために松本が頭取を命じられた。彼はさっそく教育改革に取り組もうとしたが、それは時の医長、伊東玄朴《いとうげんぼく》によって何度も妨害された。古い蘭法と新しい蘭法との対立であった。

松本はそれまでの蘭方医が兵法や文法など医学と関係のない蘭書を学んでいたのを止めさせ、物理・化学・薬学・解剖・生理学・病理学・療養・内科・外科・などのポンペから学んだ通りの科目に限定し、これに不服のある者には退校を申しつけた。明治陸軍衛生部に生涯をかけた石黒忠悳《ただのり》は、若い頃を回顧した『旧懐九十年』の中で、ポンペの講義録を筆写した経験を語っている。それは全四十五冊で積み上げると六十センチにも及ぶ。松本が記録したポンペの講義録はこのように写本を通しても広く学ばれたことが理解できる。

西洋医学所における松本の教育改革は、最初は生徒達の猛反発を喰らったが、時間の経過とともに次第に理解されるようになっていった。しかしそれが軌道に乗った頃、京都は大きな動乱期を迎えようとしていた。

一八六三年、京都の一橋慶喜から至急上洛するようにという内命が届いた。松本は幕府の軍艦で急行し、大坂を経て西本願寺に到着すると、慶喜は不眠症を病んでいた。

彼は頑迷固陋《がんめいころう》な公家たちを相手に、昼夜、開国の要を説いて回った末に一向に理解されず、そのうち自分の方が神経を痛めてしまったのである。そこで松本が持参した薬箱の中から阿片を選び、丸薬にして飲ませたところ慶喜はたちどころに睡眠を催し、やがて「雷のような鼾《いびき》」をかいて翌日の昼過ぎまで熟睡した。

一八六四年、池田屋事件や禁門の変が起き、尊王攘夷を謳っていた長州兵は京都からことごとく駆逐された。このとき名を挙げた新撰組隊長近藤勇《こんどういさみ》は江戸に下った際、松本を尋ねてきた。家人はその名を聞いて大いに怯えたが、松本は面会を許した。

勇は松本がポンペから直接医学を学んだ高名な医師であることを知り、自分が接したことのない外国人ならびに海外事情について教えを乞いにやって来たのであった。

そこで松本は外国の学問、ことに天文地理・物理・化学・医学などが精密にして高度であること、陸海軍の兵力が格段に強力なことなど諄々に説いて聞かせたのち、浪人たちの異人切りなどは思慮に欠ける最低の行為であることを諭した。

勇は大いに喜び、「今日までわだかまっていた疑問がたちどころに氷解した。貴殿がいずれ上洛したときにはまた会おう」と再会を約して去って行った。

一八六五年、幕府により第二次長州征伐が発せられると、松本もこれに従い京都に向かった。彼が会津藩の弟子南部精一《なんぶせいいち》宅に居を定めると間もなく、近藤勇が来訪し一緒に西本願寺の新撰組屯所を訪れた。松本はそのあまりに劣悪な環境と、病気になった隊士の数の多さに驚いた。

そこで副長土方歳三に命じてポンペがつくった養生所の理念に従って、病室のようなものを設置させ、薬を調合し往診して治療を施した。

放置されていた厨房の生ゴミを再利用して四五頭の豚の餌とし、また残飯をニワトリに与えた結果、豚肉と鶏卵とを得ることができ、隊士たちにそれを食べるようにすすめた。

松本はのち、日本国民の衛生教育と民間医療の普及に努めるが、その萌芽をすでにこの新撰組屯所に見ることができる。

一八六六年、将軍家茂が危篤に陥ると、松本は奥医師として枕元に控えた。他の医師たちは二時間交代であったが、彼は交代を許されずそのまま居座って二十日間ほどが経過したため、自らの意識がもうろうとし、明暗も分かたぬようになった。

そこで事情を将軍に告げ少しの休息を乞うたところ、「気の毒であるが、吾は汝を離したくはない。汝が吾の布団に入って一緒に眠れば良い」と言われ将軍と同衾《どうきん》した。

しかし彼にしてみれば畏れ多くて眠れるわけがない。いかにも眠った振りをしてそっと布団から抜け出た。それから三日後、家茂は亡くなったが、その最後を見届けたのも松本だった。

彼が一年間も江戸を留守にしたので医学校では困り果てていた。自分の帰りを待っている生徒たちのために、帰りは東海道を馬で飛ばした。

一八六七年、攘夷派の拠り所だった孝明天皇が三十六歳で崩御されると、薩長の雄藩は倒幕の姿勢をあきらかにした。このとき土佐藩から大政奉還の策が進言され、慶喜もそれに従ったが、外交などの実権はなお離そうとはしなかった。京都では王政復古が宣言され慶喜はもはや将軍ではなくなった。

一八六八年、鳥羽・伏見の戦いで幕府軍は敗戦。総指揮をとっていた慶喜は軍艦で江戸に逃亡を図った。

多くの負傷兵が紀州に逃れ、さらに船で江戸に戻って来た。それを受け入れる漢方医たちは止血の方法も知らず、まして銃創《じゅうそう》を治療することもできなかった。ここに到って長い間権勢を誇っていた漢方医たちは、自らの無能力をさらけ出す始末となった。

一方、松本の西洋医学校では傷の手当てをし、消毒したあと包帯を換え、患者の治療に著しい成果をあげた。それこそ軍医ポンペの教育が活用されたのである。

官軍の先鋒隊が江戸に入って来る中で、松本に親しい人々も次々と江戸を脱け出す模様が聞こえてきた。彼はそういう人々を見捨てるわけに行かず、自分も彼らと生死を共にする覚悟を決めた。

先ず薬品や外科用器具を佐倉の順天堂に送り、深川の遊郭で遊ぶように見せかけて、行徳、佐倉へと江戸脱出の道を急いだ。佐倉で京都で世話になった弟子南部精一とバッタリと行き会わせ、これぞ天佑とばかりに互いに喜び合った。

その後成田を経て利根川に出て、川を下って銚子に上陸した。そこから水戸の平潟《ひらかた》までは船に乗り、山中の間道を抜けて白河に出た。白河城には西軍が入ったばかりで危険だったが、無事会津道に入ることができた。

先ずは温泉場に案内され旅の疲れを癒やした。翌日、会津藩主松平容保に謁見、感謝の言葉をかけられた。

会津若松では藩祖保科政之《ほしなまさゆき》がつくった日新館を仮の病院とし、奥羽諸藩から六十数名の村医たちが集合したところで講義をし、それを『療痍略伝』として配布した。

会津は山に囲まれ、鮮魚に恵まれず滋養ある食料といえば鶏卵あるのみである。そこで牛を屠らんとしたが、誰も殺そうとはしないので、江戸から逃げてきた兵士に銃殺してもらい、肉を滋養食として食べさせた。

官軍に包囲されると物資が欠乏しはじめ、包帯用の木綿にも事欠き、藩士の男女が帯を解き、その芯を用いるまでに追い詰められた。

会津藩はなお頑強に抵抗したが、惜しむらくは藩士たちの一人ひとりが偏狭で一致団結して戦おうとしない。松本にはそれが歯がゆくてならなかった。そんな中、松平容保侯から「事ここに到っては為すすべもない。願わくば他郷に随意に避難せられんことを」という手紙が届いた。

こうして従者たちと共に北に脱出し、米沢を経て庄内（山形県北西部）の鶴岡に落ち着いた。会津では粗食に耐えていたので、米沢で山海の珍味に舌鼓を打ったときには、まるで地獄を抜けて極楽に着いた思いだと一同で笑い合った。

しかし濡れたまま着替えもできないような旅だったので、松本はリューマチをわずらってしまった。彼が温泉療養をしているところに、仙台の榎本武揚から至急の呼び出しがあった。

仕方なく駕籠に乗って仙台を目指した。塩竈《しおがま》から寒沢《さぶさわ》を経て小舟に乗り、大型軍艦開陽丸に辿り着いたときは、あたかも「異国で旧知に出会ったような」思いがしたという。

榎本と何度も議論を重ねたが、二人の意見は一致しなかった。

新撰組副隊長土方歳三は松本に「じつはあなたの意見は私と同じである。しかしそれを公言すれば榎本の勢力を殺ぐだけで何にもならない。この戦は徳川家が滅びようとしているのに武力でそれを阻止する者がいないのを恥として決死で望むものである。だからあなたのような前途有用な方は、断然ここを去って江戸に戻るべきである」と忠告した。

松本は彼の好意を謝し、その意見に従った。オランダ商人スネルの船に乗り込み、夜間横浜に上陸、スネルの商館に潜んでいたが、やがて官軍に見つかり江戸の本郷にある加賀藩邸に幽閉された。

一八七〇（明治三）年、彼は保釈され、早稲田に日本初の私立病院「蘭疇《らんちゅう》医院」を設けた。それは二階建、四五〇人を収容できるベッド、入院室、医員詰所、診療所、賄所、浴場などを備えていた。さらに母子の牛を購入して搾乳を指導し、滋養補給に牛乳を当てた。これを契機に東京に牛乳が普及しはじめる。

某日、病院を視察に来たのが新政府高官山縣有朋《やまがたありとも》で、日本に兵部省があっても肝心の衛生部がない。ついては陸軍に入って欲しいと持ちかけられた。こうして蘭疇病院は軍事病院となり、松本はその責任者すなわち軍医頭となり、ついには日本陸軍の初代軍医総監に昇格した。

しかし彼は四十八歳にして早々と隠居し、「愛生館」という薬品販売業に携わる。愛生館は、山間漁村のへき地で薬が得られない人々を含め全国に、薬や衛生思想を普及させるのが目的で、彼はここから『通俗衛生小言』、『民間諸病療治法』、『国民幸福之種蒔《たねまき》』など数多くの啓蒙書を出版している。

なかでも『海水浴法概説』は、海水浴が健康に役立つことを説いた最初の本で、その場所として神奈川県の大磯を推薦した。のみならず一般に海水浴を普及させるため、自費で歌舞伎役者を大磯に招き、水着姿で泳いでもらった。今でいう「コマーシャル」である。だから彼は「海水浴の父」でもある。

陸軍の軍医総監までのぼったにも関わらず、その後の彼は政治家への道など一向に振り向こうともせず、師ポンペから教わった新しい医学と、衛生と養生の実践を国民に普及させることに生涯を費やした。

■その後の長崎養生所

ポンペと松本良順の去った長崎養生所は一八六二年、新しい教師としてユトレヒト陸軍学校卒のボードウィンを迎えた。

三年後、養生所は「精得館《せいとくかん》」と改称され長与専斎が館長となった。その際彼は医学から物理と化学を切り離して教えるために「物理窮理所《ぶつりきゅうりしょ》（舎密《せいみ》局とも）」を建設、その教師としてオランダからハラタマを招聘した。ハラタマは一八六六年五月に着任したが、ほどなく江戸に招かれ幕府の開成所で教鞭をとった。

同年、満期を迎えたボードウィンはいったん帰国し直ちにひき返し、江戸に日本に於ける本格的な医学教育所をつくる契約を交わし、そのための機材調達のため再度母国に帰国したのち日本に戻って来たが、その時は幕府が瓦解したあとで契約はご破算になった。

ところでボードウィンが去った精得館では新たにマンスフェルトが着任し、明治三年まで教鞭を執った。

マンスフェルトの着任中に日本は明治維新を迎えたが、彼は医師頭取長与専斎と力を合わせて難局を乗り越えた。明治元年、精得館は名称を「長崎医学校」と改め、長与が学頭となった。

その後長崎医学校はさまざまな変遷を経た末に、現在の長崎大学医学部へと発展する。

幕府が崩壊したのち、新政府はボードウィンとハラタマを大阪に招き仮病院（大阪大学医学部の前身）と医学校で、また東京の大学東校（東京大学の前身）で教鞭を執らせ、相良知安《さがらともやす》や緒方惟準《おがたこれよし》など明治期の優れた医学者を育てあげた。

ボードウィンは新しい病院予定地とされていた上野に連れて行かれたとき、その緑地が破壊されるのを惜しみ、世界の大都市には必ず大きな公園があることを説き、公園として保全されるべきことを希望した。そういうわけで現在、彼の胸像を上野公園の噴水の西側に見ることができる。

このように日本の明治時代の医科大学の創立に、ポンペに続く多くのオランダ人教師が関わったが、その後の新政府は医学はドイツ式を、海軍はイギリス式を採用することになる。

第四章

陪臣《ばいしん》からの転身

五代才助《ごだいさいすけ》　武士を捨て大阪を築いた男

　五代友厚の生涯はしばしば渋沢栄一《しぶさわえいいち》と比較される。二人とも幕末の志士として活躍し、明治に入ると民間にあって日本資本主義の育成に大きく寄与した。

　友厚は一八三五年、薩摩藩の儒者にして町奉行五代直左衛門の次男に生まれる。幼名を徳助と言った。

　十四歳のとき、藩主になる前の島津斉彬から、ドイツ製の世界地図の模写を命じられた。二週間ほどで二枚を写し取り、一枚は藩主に、一枚は許しを得て自分の部屋に掲げた。のみならず彼はそれを用いて直径六十センチほどの地球儀を作製した。斉彬はその才能に感じ入って「才助」の名を与えた。こうして彼は早くから世界に目を向け、斉彬の影響もあって開国改

五代才助（『五代友厚伝』から）

革派になっていった。

一八五七年、二十三歳の五代は海軍伝習所の二期生に選ばれ長崎に遊学した。同期生に榎本武揚がいる。

翌一八五八年春、咸臨丸の九州周航に参加、故郷鹿児島に立ち寄ることができた。同行のオランダ人が鹿児島で注目したのが松木弘安《まつきこうあん》（のちの寺島宗則《てらしまむねのり》）である。松木は幼い頃から長崎で蘭学を学び、十五歳にしてヅーフ・ハルマを筆写している。やがて江戸に遊学し、医学や理学を学び、蕃書調所の助教授となったところを島津斉彬に呼び戻され、その右腕として働いていた。松木はオランダ語こそ話さなかったが、文章は完璧だった。彼の質問はオランダ人でも答えに窮するほど高度な内容で一行はそれに驚いたという。

咸臨丸が松木と五代を乗せて長崎に戻るとまもなく藩主斉彬の訃報が飛び込み、二人を驚かした。薩摩藩医によればコレラと診断されたが、明治になって海軍軍医高木兼寛《たかぎかねひろ》は当時のカルテから、コレラではなく赤痢であったろうと診断している。

藩主を失った五代はカッテンディーケや勝に別れを告げて急遽帰藩した。このとき斉彬の抜擢で京都で活躍していた西郷隆盛も戻ってきたが、藩は井伊大老との関係悪化を懸念して、西郷を「永送り（国境で切り捨て）」に決めた。舟で鹿児島湾を送られる途中、西郷と僧月照《げっしょう》は共に身投げを図ったが西郷だけが息を吹き返し、奄美大島に島送りとなった。

鹿児島に帰国すると、五代は藩に蒸気船の購入を上申した。こうして翌一八五九年、再度彼は長崎出張を命じられた。

海軍伝習所はすでに閉鎖され、ポンペの医学伝習とハルデスの長崎製鉄所は継続されていたが、開港した長崎の町は大きく様変わりしていた。大浦海岸が埋め立てられ居留地《きょりゅうち》がつくられ、外国商社が次々に入って来た。

一八六〇年、貿易掛を命じられていた五代は、長崎奉行所の許可の下、イギリスの蒸気船イングランド号を購入した。それはのち「天佑丸《てんゆうまる》」と改名され薩摩藩の最初の蒸気商船となった。また、居留地でスコットランド人で、当時二十二歳だったトーマス＝B＝グラバーを知ることができた。

グラバーはジャーマン＝マセソン商会の代理人として来日、特に茶の貿易に力を入れて製茶工場を市内に持ち、事業が軌道に乗ってきたところであった。

一八六二年、五代は御船奉行副役となり、グラバーと共に上海に渡り蒸気船を購入した。船は「永平丸《えいへいまる》」と名づけられた。

同年四月、長崎奉行所が中心となってアジア貿易の視察を行った。開国により打撃を受けた長崎会所の存続を図るために、上海のオランダ商館を通じて貿易を行おうとする試みである。輸出品は昆布・干し鮑などの海産物、漆器・蒔絵の工芸品のほかに陶器、反物、樟脳などである。貿易に対する幕府の積極的な姿勢である。

船は上海航路の商船を買い上げて「千歳丸《せんざいまる》」と称した。同船には会津藩や西国雄藩の参加も許され、五代は藩の許可を受け、水夫の身分として乗り込むことができた。この時、長州からは高《たか》杉晋作《すぎしんさく》が、また中牟田倉之助（佐賀藩伝習生）も同船していた。

上海で五代は最新式の大砲、アームストロング砲を初めて目にした。元込め式で弾が回転することにより、飛距離も命中率も格段に向上したものであった。

二ヶ月で長崎に戻った五代は、一刻も早く島津久光に報告したかったのでその足で江戸を目指した。その頃久光は七百名の兵士を引き連れて上洛したのち、勅使の警固という理由をつけて江戸に入り、公武合体策を進めんとして、幕府に一橋慶喜と松平慶永《まつだいらよしなが》を登用すべき案を勅旨として伝えた。*

*その結果一橋慶喜が将軍後継職に、松平春嶽が政事総裁職に就任し、将軍家茂の上洛が決まった。人材登用も積極的に行われ、勝海舟が軍艦奉行並《なみ》に任命された。しかし久光が留守にした京都では長州を先鋒とする攘夷派のテロがますます激しくなった。

一八六二年九月、五代が藩主の後を追って江戸薩摩藩邸に着いたのは、久光が再び京都に引き返そうとする前日で、お目見えはかなわず、致し方なく大名行列の後続にまじって江戸を立った。

ところがその行列の先頭にいた武士集団が、神奈川宿近くの生麦村にさしかかったとき、行列を乱した外国人を殺傷するという事件が起きた。世に言う「生麦事件」である。

京都に着いて五代はようやく久光に謁見することができ、上海での報告を終えた。このとき上司小松帯刀《こまつたてわき》から生麦事件を起こした以上、イギリス海軍が鹿児島に来るのは必定なので、一刻も早くアームストロング砲と蒸気船を入手せよと命じられ急いで長崎に戻った。続いて彼の下に購入資金七万両が届けられた。

一八六三年、アームストロング砲はイギリス政府が輸出禁止にしていて購入できなかったが、長崎でイギリス商船を手に入れ「青鷹丸《せいおうまる》」とし、さらにアメリカの蒸気船を購入し、「白鳳丸《はくほうまる》」とした。これで薩摩は三隻の大型船を持ったことになる。いずれも商船であるが、大砲を積めば軍艦になる。

生麦事件の結果、イギリス政府は幕府に賠償金十万ポンド（二十六万九千両、今の百六十億円）を請求した。そしてそれが守られないときのことを予想して、イギリス艦船を続々と江戸湾に集結させた。

このとき政治の中枢は京都との折衝の為に関西に移っており、横浜での外交はなおざりにされていたが、期限切れ直前になって老中小笠原長行が蒸気船に乗り横浜に駆けつけて賠償金を払い、イギリスとの戦争はひとまず回避された。その後、艦隊は賠償金を積んだまま薩摩に向かおうとしていた。

それを知った長崎の五代は、イギリス艦隊が薪水食料の補給のために長崎に寄港するであろうと予想し、グラバーから巨額の金額を借りてでも賠償金の一部を支払う積もりでいた。

しかし七隻のイギリス艦隊は、直接太平洋を西下して鹿児島湾を目指した。そこで五代は、松木と一緒に、蒸気船で急遽鹿児島を目指した。二人が天佑丸、青鷹丸、白鳳丸の三隻を集成館に近い浦に待避させた直後、旗艦ユーリアラス号を初めとしたイギリス艦隊九隻が錦江湾に姿を現した。

五代と松木は為すすべもなく蒸気船に潜んでいたが、夜陰に乗じてイギリス海軍のボートが近づき、二人ともあっけなく拿捕されてしまった。五代は機会を覗って艦の火薬庫に点火し自爆しようと試みたが、松木に止められ断念した。

蒸気船三隻は、しめて三十万ドルという巨額なもので、イギリス側はそれを拿捕すれば薩摩が屈するものと読んでいた。しかし、事態は予想通りには運ばなかった。

朝方、藩の蒸気船三隻がイギリス軍艦に曳航されるのを認めると、薩摩の砲台がいっせいに火を吹いた。こうして薩英戦争がはじまった。

捕虜となった二人がイギリス艦に移されると薩摩の蒸気船は放火され、彼らの目の前で黒煙を立てて沈んでいった。二人は今までの苦労が水の泡になるのを黙ってながめている他なかった。

ユーリアラス号　薩英戦争のときの旗艦
(『幕末の蒸気船物語』から)

そこに「あなたは松木先生ではないですか」と声がした。見ると、横浜で輸入商をやっている清水卯三郎《うさぶろう》*で、彼は松木から英語を学び、わずかながら英語が使えた。したがって通訳として英艦に雇われていたのである。

*清水卯三郎は埼玉県羽生市の生まれ、ロシア提督プチャーチンが下田に来たとき幕使筒井正憲に同行してロシア語を学ぶ。その後、箕作秋坪に蘭学を学ぶ。海軍伝習生を志願して長崎まで足を運ぶも叶わず横浜で貿易に従

事。薩英戦争に通訳として従事する。一八六七年パリ万博博覧会では徳川昭武一行に参加。彼のアイデアで開いた日本茶屋は非常な人気を博した。

イギリスと薩摩の戦争は二日間、激しい暴風雨の中で行われ、両者五分五分の痛み分けで終わった。鹿児島の町はロケット砲により市街地の一割を焼失し、斉彬が長年をかけて育成した集成館もこの時焼失した。なお、アームストロング砲が実戦に使用されたのはこれが世界で初めてとされる。

戦闘での死者はイギリス側は、二人の士官を含めて十三人、負傷者五十人であった。これに対して、薩摩側は戦死五人、負傷者十三人で、イギリス側の三分の一であった。

こうしてイギリス海軍は薩摩に上陸することもなく、傷ついた艦を曳航して全艦揃って横浜に引き揚げた。松木と五代の二人もそのまま連行された。もし二人が薩摩で下船していたら、イギリス側に寝返った者として二人とも処刑されたに違いない。

だがイギリス海軍としてもこの二人をいつまでも乗せておく訳に行かず、彼らが艦から去ることに同意した。こうして下船した二人は清水の手ほどきで神奈川に上陸し、長崎で旧知の医師松本良順が芝新銭屋で塾を開いているのを知っていたので、そこで一夜を匿わせてもらった。

良順は二人の立場に深く同情し、今後の隠れ家について相談に乗ってくれた。その結果、清水の親類でもある武州（現埼玉県熊谷市大字下奈良）の豪族吉田六左右衛門方が良いということに決まり、両人はほとぼりが冷めるまで世間から姿をくらますことにした。

まもなく薩摩藩は大久保利通《おおくぼとしみち》を横浜に遣わし、イギリス側に賠償金を支払うことで和議が成立した。さらに薩摩は戦争で失った武器を補充するため、大砲やライフル銃を長崎のグラバーを通じて大量に購入した。こうしてグラバーは五代のお陰で武器商人として大儲けしたのみならず、薩摩藩の外交顧問という地位まで手に入れた。彼はのち、「幕府の謀反人のなかで、自分が最大の謀反人である」と回想している。

一八六四年、下奈良村に潜んでいた五代は、松木より一足先に村を脱け出て東海道を経て長崎に戻り、最後はグラバーの邸宅に匿まわせてもらった。

その間も時代はめまぐるしく移り変わる。薩英戦争から一と月のち、京都では会津藩と薩摩藩が手を組んで、「八月十七日の政変」が起きた。その狙いは公武合体策と対立していた急進尊攘派公家と長州勢とを京都から駆逐するところにあった。

こうして長州が追い払われた後、一橋慶喜、松平春慶、島津久光、松平容保《まつだいらかたもり》、伊達宗城《だてむねなり》、山内容堂《やまのうちようどう》ら六人が選ばれ参与会議がはじまった。うまく行くように思われたこの議会制も、慶喜が唐突に横浜を閉鎖すると言いはじめ、会議をなし崩しにしてしまった。

その隙に乗じて長州勢が再び京都に戻りはじめ、ついに御所を守る薩摩、会津両藩と開戦となり長州藩は惨敗した（禁門の変）。

その頃長崎の五代は、自分と松木の立場を弁明すると同時に、薩摩藩の今後の貿易策について上申書を作成していた。彼は藩に上海との直接貿易を勧め、その品目や方法、利潤などを具体的な数字を挙げて説明した。その利潤で製糖機械を購入、奄美大島で採れる砂糖の販売を拡張することを提案した。さらに人材養成のためイギリスに留学生を派遣すべきことも上申した。

そんな五代の見識に藩の中でも同調する人々が現れ、やがて武州に潜んでいた松木も許されて帰藩の命令が届いた。そして五代の上申書は久光の認めるところとなり、薩摩の使節団四名と留学生十五名の英国留学が、グラバーの斡旋により実現された。*

＊当時、藩が留学生を海外に送り出すのは禁じられており、一行は脱藩というかたちで国外に脱出した。このとき五代も「関研蔵」を名乗った。現在、彼らのモニュメント『若き薩摩の群像』を鹿児島駅前で目にすることができる。

一八六五年、ロンドンではグラバーの兄が一行を迎えた。

五代はイギリスのマンチェスターやバーミンガムなどの工業地帯を視察し、小銃、騎兵銃など合計二千五百五十挺を購入した。当時のバーミンガムは銃器産業の中心地で、幕末維新を通して日本が輸入した洋銃は、総計七十数万挺にも上ったと言われている。

五代はイギリスのみならず、ベルギー、ドイツ、オランダの欧州諸国を視察したのち、ベルギー生まれでフランス国籍を持つモンブラン伯爵と親しくなり、彼の商社を通して軍艦や諸機械の輸入、また日本物産の輸出を委託する契約を結んだ。

こうして五代は九ヶ月後に無事、薩摩に戻った。

一八六六年、三十二歳にして藩の御用人外国掛となった彼は長崎で、貿易商社の設立とパリ万国博覧会の準備に取りかかった。その間、グラバーを仲介役としたイギリス公使パークスの薩摩訪問が実現し、薩摩とイギリスが急接近した。その結果、五代が結ぼうとしていた日本とベルギーとの契約はむしろ疎まれることとなり、彼の計画はここに挫折した。

しかしグラバーと五代とが不仲になったことはなく、同年、二人で長崎に日本初の近代的なスリップ式ドック（小菅《こすげ》修船所）をつくり上げている。また、同年、五代は大坂松島で薩摩船の建造や修理をしていた「淡路屋《あわじや》」の娘ツル（十九歳）をグラバーに紹介している。

一八六七年（幕府最後の年）、パリ万国博では日本国としての統一を欠き、モンブラン伯爵を代理人とした薩摩はまるで幕府から独立したかのように振る舞い、佐賀藩も独立して出品展示した。それは日本の政権が分裂したかのような印象をヨーロッパの人々に与えた。

一方、グラバーは故郷アバディーンに一時帰郷を果たしたのち、日本に戻ってツルと正式に結婚した（一八六八）。幕府がまさしく瓦解する直前のことであった。*

＊これが日本における国際結婚のはじまりで幕府は善後策を協議した結果、結婚相手が条約締結国であれば婚姻を許可することを英国領事に通知した。ツルは外国人と結婚したために明治五年の日本人戸籍から漏れ、明治二十七年、ようやく便宜上つくられた戸籍を得た。そのつくられた戸籍を鵜呑みにして、息子倉場富三郎をツルの実子と認めない説が横行している。

幕府が終焉を迎えようとする頃、フランス博覧会御用として薩摩に雇われていたモンブランが来日した。五代は立場上、彼を上海まで迎えに行ったが取り扱いに苦慮した挙げ句しばらく薩摩に匿っていた。やがて兵庫開港を迎えようとする外国人外交団に彼を加えようと、開聞丸に乗せて兵庫を目指した。そして鳥羽伏見の戦がはじまろうとする緊迫した海上を、何とか無事にフランス公使の下まで届けることができた。

そのモンブランが思わぬところで役に立った。誕生したばかりの新政府を、国際上のトラブルが矢継ぎ早に襲った。神戸事件、堺事件、京都イギリス公使（パークス）襲撃事件がそれである。いずれも流血事件で、下手をすれば外交上の大きな問題となりかねないものばかりだった。大坂にあった五代はその都度、寝食を忘れ、新政府を窮地から救うべく奔走したが、その際、外国との交渉ではモンブランの影の協力があったとされる。

一八六八（明治元）年、三十三歳の五代は新政府から大阪開港のための外交と関税一切を任され、多忙をきわめた。

その年、グラバーに注文していた造幣機が香港から到着し、大阪に造幣局をつくるのを政府に進言している（完成は明治四年）。

一八六九年（明治二年）、函館戦争が終わると、大久保利通や大隈重信らに請われ、横浜に出て新政府の財政の立て直しに参加することになった。

しかし新政府の中には五代の出世を快く思わない一派があった。西郷隆盛をはじめとした薩摩の武勲派である。五代は鳥羽伏見の戦いにも戊辰戦争にも参与していない。薩英戦争の際にも英艦で捕虜の辱めを受けたとしか思われていなかった。

五代の不人気は新政府に圧力をかけ、それをいち早く察知した五代は二ヶ月足らずで辞表を出し、大阪に舞い戻ってきた。

五代の覚悟はその際「武士」を捨てたことでも表明される。これからは商人（実業家）の時代になることを見通していたのであろう。幸いにも彼には住友の総支配人をはじめとして、大阪商人たちの幅広い支持があった。

一八七〇（明治三）年、五代三十六歳。芸妓福松と結婚し、「友厚《ともあつ》」と改名した。実業家五代友厚の誕生である。

『日本金権史』の著者横山源之助は「五代という男は商人としては随分無茶苦茶な男で、服装など一向におかまいなし、常着なども煙草の吸い殻で穴だらけ、洋服といえば夏服と冬服を一着ずつ、飛白の単衣に兵児帯《へこおび》を巻き付け、羽織も着けずそのままふらりと外出するといった風。私は実業家で彼のような無頓着な男は今まで見たことがない。飲食の欲は極めて淡然としていて、洋食は大の嫌い、度の強い泡盛に、肴はいつも紋切り型の薩摩揚げ、来客の思惑も考えず、無闇に相手に薦め、自分は舌打ちして澄ましていた」という。

それは髪をきちんと分け、端然として洋服で写っている彼の写真からはおよそかけ離れた印象を与える。

また早くから鉱山開発を主張していた彼は、近畿地方の天和銅山を手はじめにさまざまな鉱山を開き、長崎で知り合った岩瀬公圃《いわせこうほ》や堀孝之《ほりたかゆき》、永見米吉郎《ながみよねきちろう》らと協議して大阪に「弘成館」を創設した。それはさらに東京にも広がり東西各地で鉱山網を拡げて行った。

同時に大阪株式取引所、大阪商工会議所、大阪活版製造所、大阪造幣局など、大阪経済の基盤をつくり上げ、「東の渋沢、西の五代」と称され明治実業界の双璧と謳われた。

■小菅修船所をつくった岩瀬公圃《いわせこうほ》

五代がグラバーの協力を得て、長崎郊外戸町村の小菅にスリップ式ドックをつくったことは簡単に触れておいたが、その際欠かすことのできない人物に岩瀬公圃がいる。

公圃は一八三二年、浦上村の高谷辰右衛門《たかやたつえもん》の次男として生まれ、オランダ通詞岩瀬弥七郎《いわせやしちろう》の養子となり、十歳で稽古通詞となった。その後は順調に出世して三十二歳で大通詞の大役に就いている。

二人が親しくなったのは五代が主君斉彬を亡くして帰郷したのち、再び長崎に戻って来たとき（一八五九）とされる。

一八五二年、幕府船「千歳丸」が上海に向かうに際して、五代を変名で水夫として乗船させることができた裏にはこの岩瀬の助力があった。以来二人の間の友情は晩年まで続く。

五代は渡欧中、貿易による藩の富国強兵策を企画し、フランスでモンブランと契約を結んで帰国するが、薩摩藩はすでにイギリスと接近しており必ずしも彼の予想通りには進まなかった。

当時、薩摩は藩の中では最も多くの艦船を抱えており、その修理は切実な問題であった。上海で修理を施すと費用がかさむ。帰国後の五代の頭の中にはフローティングドック*建設の構想ががっていた。

＊鋼鉄の樋状の容器に船を入れ、それを浮揚させ水面上に船を露出させたのち修理を施す方法。

岩瀬公圃　小菅修船所の影の立役者（『長崎製鉄所』から）

慶応年間（一八六五～六八）になると、幕府は横須賀製鉄所に力を入れはじめ、長崎製鉄所のことは置き去り状態であった。そこで薩摩藩は独力で長崎に修船場をつくろうとした。しかし資金難のために、グラバー一族が出資の七割半を、薩摩が二割半を出資するという結果になった。

　こうしてグラバーの提唱により、スリップ式ドックの修船場が建設され、捲揚機、ボイラー、チェーン、レールなど機材一式がグラバーの故郷アバディーンからはるばる長崎まで運ばれてきた。

　その建設現場の監督にあたったのが、五代から工事を任された岩瀬公圃である。彼は長崎製鉄所に関係していたこともあり、その経験と知識が買われたのであろう。

　当時五代は身辺が忙しくモンブランを迎えに上海に行ったり、その面倒を見るのに追われて現場に立ち会うことができなかった。岩瀬は義理堅い人で、逐一、五代に報告しながら工事をすすめた。

　戸町村「溺れ谷」の地形を利用し、海底から陸上にレールを敷き、その上に船体を載せる台車を設置した。その幅は八メートル、長さは四十メートル近くある。こうして蒸気動力の捲揚機で一千トンまでの船を上架することができた。人々は滑り台のような形状からそれを「ソロバンドック*」と呼んだ。

＊蒸気で動く捲揚機の入った建物にはハルデスが長崎製鉄所で使用した「こんにゃく煉瓦」が使用された。平成九年に日本産業遺産研究会がつくった『近代遺産建造物番付』によれば、東の横綱が「韮山反射炉」・大関が「横須賀製鉄所」、そして西の横綱が「琵琶湖疎水」（六章参照）・大関が「小菅のスリップ式ドック」とされている。

小菅修船所は一八六九（明治二）年一月に完成し、落成式にはグラバー所有の船が満艦飾を施され台車に乗せられ、居留地に住んでいた西洋人の老若男女が大勢集まった。

この新たにつくられた修船場は、新政府にとっては垂涎《すいぜん》の的《まと》であった。衰退していた長崎製鉄所を回復させるためにも政府当局はこれを何とかして手に入れたかった。

明治二年、上海に造船所を持っていたイギリス系のボイド社が長崎に進出しようとしているのが分かると、政府は危機感を覚えグラバーから小菅修船場を十二万ドルで買い上げ、長崎製鉄所の管理下に置いた。

その頃の製鉄所は本木昌造の下で、鉄橋の架設や浚渫《しゅんせつ》機製造、活版事業などを行っていた。その後本木が頭取から手を引き印刷に力を入れると、その門下にあった平野富二《とみじ》が製鉄所所長と小菅修船所長とを兼任した。

明治十六年までの記録によれば、この修船所で二百三十隻以上の船が引き揚げられて修理を施している。その遺構は鹿児島の「尚古集成館」、および「富岡製糸工場」と共に国の史跡に指定されている。

明治二年、官を捨てて下野した五代が鉱山の経営に専念する際、岩瀬は五代の依頼により上京し、「東《ひがし》弘成館」の主任理事として赴任した。また五代の精製藍《あい》（染料）の製造販売のために大阪堂島に「朝陽館」を、東京築地に「東《ひがし》朝陽館」を設置したときにも五代を補佐している。

岩瀬は晩年には故郷長崎に戻り、明治二十四年、六十歳で逝去した。墓は浦上の経ヶ峰墓地にある。

佐野常民《さのつねたみ》　佐賀を天下一の兵器廠《へいきしょう》に導いた藩士

彼は生涯に鱗三郎《りんさぶろう》、栄寿《えいじゅ》、栄寿左衛門《えいじゅざえもん》と名前を変えるが、ここでは常民で統一する。一八二二年、筑後川の支流・早津江《はやつえ》川の西岸に住む下村家に生まれ子供の頃から聡明だった。

常民が九歳のとき、開明的とされる鍋島直正が佐賀藩の十代藩主に就任し、大いに文武を奨励した。

十一歳のとき藩医佐野常徴《つねみ》の養子となった。選ばれて医家の養子となったわけで、さぞかし恵まれていたであろうと思いきや、事実はそうではなかった。

養父母は彼よりも座敷犬の狆《ちん》を大切にしており、養子よりも犬を溺愛した。憎らしいことに狆もそれを承知しており、佐野に対して傲慢無礼に振る舞ったという。食事の際も犬の方が上座を

佐野常民（webより）

占め、魚肉のおいしいところはすべて狆に与えて、その残りを佐野に与えるという始末だった。

十三歳で藩校「弘道館」の外生《がいせい》（小学生）となり、翌年、飛び級で内生《ないせい》（大学生）になった。藩校・弘道館では古賀穀堂《こがこくどう》の薫陶《くんとう》を受けた。穀堂は儒者でありながら、蘭学の重要性を認識していた。それは佐賀藩が福岡藩と交代で長崎警固を担当している以上、世界に対して広く目を開く必要があると考えていたからである。

十七歳のとき、江戸に出て古賀穀堂の弟・古賀侗庵《とうあん》に学んだが、二年後、九代目藩主鍋島斉直《なりなお》の死去に伴い佐賀に戻った。その後は弘道館の松尾塾で医者になるための修行に励む。

二十一歳のとき、同年の佐野家の養女駒子《こまこ》と結婚した。

十代目藩主直正《なおまさ》にその学才を見込まれた佐野は二十五歳の折、京都の蘭学者広瀬元恭《ひろせげんきょう》の塾「時習堂」で蘭学を学んだ。同塾では医学のみならず、物理・化学・地理・砲術など幅広い知識を学ぶことができた。

さらに二年後大坂に移り、緒方洪庵《おがたこうあん》の適塾に学び、翌年には江戸に出て同じ佐賀藩の蘭方医・伊東玄朴《げんぼく》の象先堂《しょうせんどう》で蘭学の造詣を深めた。玄朴は若い頃長崎の鳴滝塾でシーボルトに学んでいる。その象先堂には薩摩の松木弘安や、長州の大村益次郎がいた。佐野はそこで猛勉強し、ついに塾頭に選ばれた。塾では家業の医学よりも、物理学・化学・冶金学（金属の精錬術）に力をいれた。それは藩主・直正が科学的な方面に興味を抱いており、その期待に答えるためであった。

しかしここで彼は信じられない事件を起こした。

塾頭ともあろう者が、塾でもっとも大切な『ズーフ・ハルマ』という蘭日辞書二十一巻を三十両で質に入れたというのである。三十両といえば大金で、一書生の身で返済される額ではない。『伊東玄朴伝』には、国事に奔走する後輩たちの面倒をみるための出費のためと書かれているが、美化された感じがしないでもない。

怒った玄朴は佐野を呼び出し、即刻破門を申し渡した。すると佐野は、畳に両手をついて「かくなる上は自分は死ぬしかありませぬ。私は師と差し違えてこの場で死にます」と脇差しに手を掛けた。玄朴は驚いて破門をとり止めて、藩邸に相談を持ちかけた。

藩の方では、「佐野は才子だが、勉強はせずに遊興三昧にふけり、成業の望みがない」という理由をつくり帰国を命じた。この「ズーフ・ハルマ質入事件」の真相は今でも謎のままである。

ともかく一八五一年、佐野は三十歳にして暗澹《あんたん》たる思いで江戸を去らなければならなくなった。ここで素手で帰るようだったら、彼の将来はあり得なかった。

当時佐賀藩は、高島秋帆に就いていち早く西洋砲術の研究を開始、一八五〇年には反射炉を築き大砲の鋳造に向けて動き出していた。

そんな状況を察知していた佐野は、帰る途中で京都の広瀬塾に立ち寄り、中村奇輔《なかむらきすけ》（京都）、石黒寛次《いしぐろかんじ》（兵庫）、田中重久《たなかしげひさ》・儀右衛門《ぎえもん》（久留米）という四人の優秀な技術者たちを引き抜いた。

当時、世間の目はまだまだ西洋科学に向けられてはおらず、四人は不遇の中にあった。そんな彼らを前にして佐野は、直正公の下でなら彼らの才能が十分に発揮できると熱弁を振るった。四人はその言葉に動かされ佐野に同行し、佐賀城下を目指した。

開けて正月、佐野は藩主直正公に彼らを推挙した。

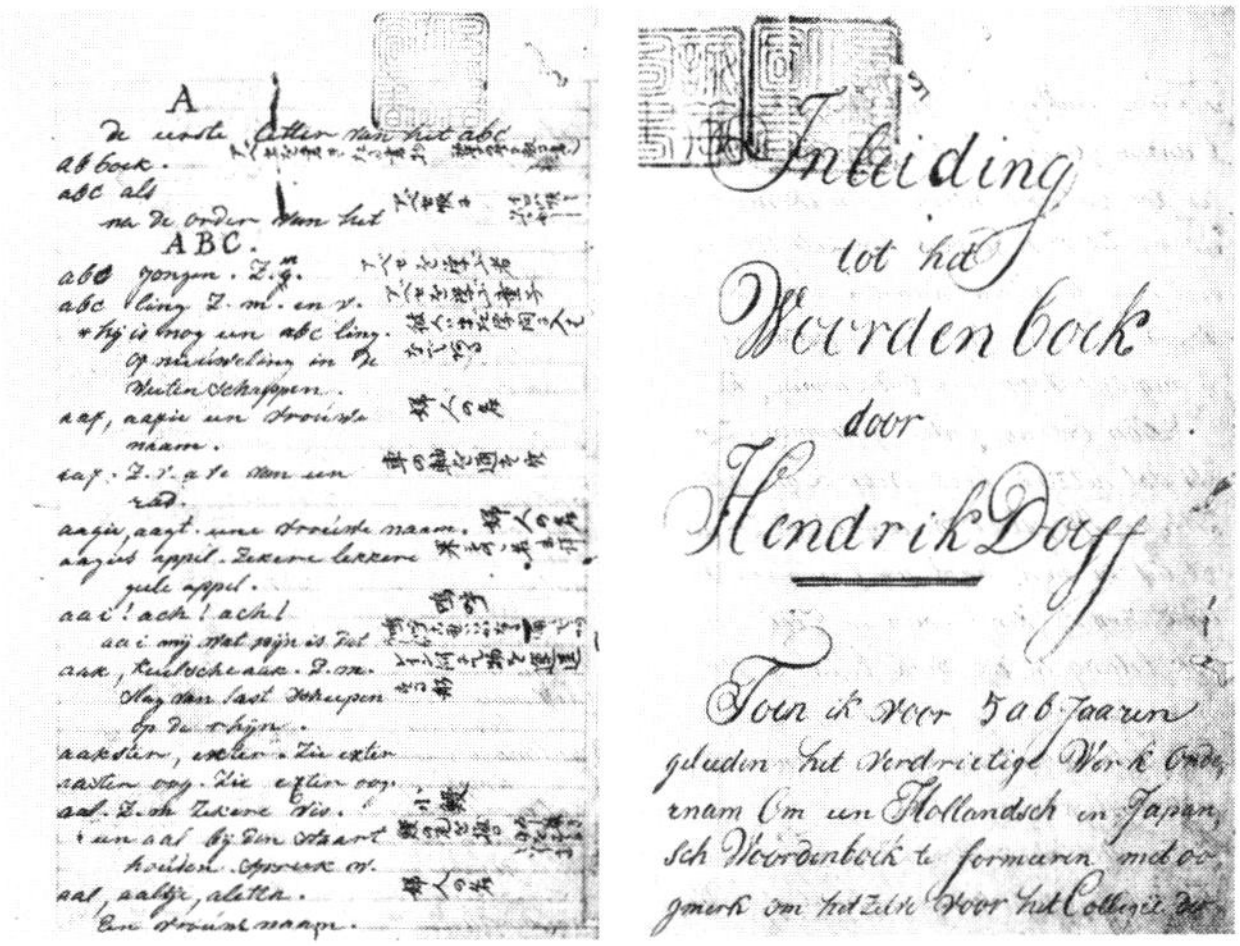

『ドゥーフ＝ハルマ』は多くの蘭学者に利用された
（図録『蘭学事始』から）

佐賀は「二重鎖国」と呼ばれたほど、藩の出入りが厳しところだったが、直正はこの四名を精錬方《せいれんかた》（現理化学研究所）として受け入れた。彼らはただちに化学実験や蒸気機関の研究に熱心に明け暮れ、佐賀藩を他藩より先んじた軍事力を持つ大藩へと導く原動力になる。

しかし佐野自身はその佐賀を去り、長崎で医師として蘭学塾を開いた。そのまま佐賀に残っても象先塾で起こした事件が尾をひいて、良い方向に向かうとは思えなかった。彼は京都から連れてきた四人の技術者が、藩主から高く評価される日が必ず来ることを確信していたのであろう。

幕末に長崎警固を飛躍的に強化させたのは鍋島直正である。彼はそれまで港内に引かれていた長崎警固の防衛線を港外まで拡大して、伊王島《いおうじま》と四郎ヶ島に台場を築き洋式大砲を据えようとした。巨額の費用を要するこの計画に幕府も福岡藩も二の足を踏んでいたが、幸いにも両島とも佐賀領だったので、直正は独力でこれらの計画を実現することを決意した。

台場の建築もさることながら、問題は洋式の鉄製大砲の製造にあった。先ず鋳砲の方法を記したオランダの原書の翻訳からはじめ、その記述にしたがって煉瓦を積んで反射炉を築き、水車を利用して大砲に穴を開ける錐鑽台《すいさんだい》をつくり上げた。

書けばわずかそれだけのことになるが、その間の試行錯誤は筆舌に尽くせないものであった。あまりに巨額の費用を要するその事業に、中止の声も持ちあがったが、直正は「これは自分の道楽なので、制限せずともよろしい」と言って、かまわず継続させた。

こうして一八五二年、佐賀藩が独力でつくりあげた鉄製大砲が長崎湾の入り口に据えられ、入って来る艦船を見下ろした。

その翌年がペリー来航の年（一八五三）である。

もし、ペリーが鎖国日本の外交規則《プロトコル》にのっとり長崎に来航していたら、彼らは入港の際佐賀藩の大砲を見上げて警戒したに違いない。

実際、ペリーに一ヶ月遅れでロシア艦隊が長崎に入港し、その艦隊に同行した文豪ゴンチャロフは『日本渡航記』で次のように記している。

「長崎には三つの停泊所がある。一つは外海に面して広く開かれており、両側（伊王島と四郎ヶ島）から防御されている。その左側（四郎ヶ島）には、丘を切り取った上に砲台が築いてある。わが砲手たちの意見によれば、本格的な代物《しろもの》らしい」

最後の「代物らしい」という表現に、彼らの驚きを読み取ることができる。

ペリーが去った直後、阿部正弘は佐賀藩に大砲二百門の注文を出した。その数字に驚いた直正は、とりあえず五十門の大砲を受注した。

ここに到り佐賀藩の精錬方は「天下の兵器廠《へいきしょう》」として全国から注目を浴びることとなった。精錬方の重要性が認められた時に、直正は長崎の佐野に帰郷を命じ彼を精錬方の主任に抜擢《ばってき》した。

そのとき医師だった佐野は頭を剃っていた。早急に髷《まげ》を結わなければならない。仕方がなく髪の毛が伸びるまで、かつらを使用したという話が残っている。

こうして佐野は、鉄砲、蒸気機関、火薬の製造、砲弾の製造法などの多方面にわたる技術開発の先頭に立って指揮をとった。

一八五四年、ファビウス中佐がスンビン号で長崎に来て、地役人と佐賀・福岡の両藩士を相手に予備伝習をはじめたとき、佐賀からは佐野をはじめ中村・石黒・田中（儀右衛門子）ら七人が参加している。彼らは最先端の技術と情報を真っ先に入手したのである。

一八五五年、第一次海軍伝習所が開設されると、佐賀藩は精錬方、火術（砲術）方、蘭学寮から選抜された四十八名の精鋭を送り込んだ。

幕府が送り出した伝習生たちが玉石混交であったのに比べて、佐賀藩のそれは粒揃いで層が厚かった。勝海舟も「伝習生の進退や船舶のことは、佐野が頭領となって周旋したので、伝習生は他藩より優れ、習熟も最も早かった」（『海軍歴史』）と認めている。

佐野が伝習所にあったある日のこと、総督永井尚志から伊能図を見せてもらった。彼はその精度に驚き、佐賀から絵師六、七名を呼び寄せ昼夜をわかたず模写させた。長崎近海は海岸線が入り込んでおり、浅瀬や岩礁も多い。のち船長になった佐野は伊能図の有り難さを人一倍実感したに違いない。

ところで精錬方の主たる課題は蒸気機関の原理とその応用で、彼らはオランダ人から直接それを学ぶことができた。のみならず長崎奉行所が購入した模型の蒸気船を分解することで、その構造を会得することができた。そうして実際に動く蒸気船と蒸気機関車の精巧な模型を直正に献上している。

またオランダ国王が幕府に献上した電信機の作製にも成功。それを薩摩の島津斉彬に披露するために、佐賀が購入した小型西洋型帆船飛雲《ひうん》丸に佐野が船長となって、中村奇輔らを乗せて鹿児島まで航海した。斉彬は非常に喜んで様々な質問をしたという。

一八五七年、薩摩や佐賀藩を恃《たの》みとしていた老中阿部正弘が急逝し、その後を譜代大名の筆頭井伊直弼が継いだ。

一八五八年、直正は時局の変化について島津斉彬と語り合うため、大胆にも幕府の「観光丸」を用いて鹿児島に向かい斉彬と密談を交わした。亡くなった阿部と親しかった大名同志の会談は幕府に悟られてはまずい。そこで表面上は「観光丸」の練習航海という名目での往復航海であった。佐野はのちその往復航海を「今、思い返しても極めて危険なことをした」と振り返っている。ところが島津斉彬もその夏、急死した。直正の衝撃は大きかったに違いない。

同年冬、佐賀藩がオランダに注文していた蒸気船が長崎に回航されて来た。それは咸臨丸と同型で、「電流丸」と命名された。

ところでこの電流丸のバラスト（底荷）には多量の銑鉄《せんてつ》*が積み込まれており、それを佐賀の反

精煉方による蒸気船の模型。機関に車輪を付けると機関車になる
（『佐野常民』から）

射炉で溶かしてみたところ、鋳鉄砲に適していることがわかった。佐賀藩が鋳造砲の大量生産に成功した裏には、じつはこの西洋銑鉄の利用があったと研究者によって指摘されている。

*高炉で鉄鉱石を還元して得られる鉄のことで、西洋では産業革命により安くて多量の銑鉄が生産されていた。

一八五九年、井伊大老の指示により海軍伝習所が閉鎖された。

佐賀藩はその前年、筑後川下流の三重津（現・佐賀市早津江川河畔）に海軍所をつくっていた。そこは佐野の生家の近くで、有明海の汐の干満を利用したドライ・ドック*も築かれていた。なお現在同所には、「佐野常民記念館」が建てられている。

*掘割の水門を閉め、排水後に船舶の底部を露出させ修理を行う方式。

ところがオランダから購入した電流丸は肝心のボイラーの調子が悪く、その修理を施すために日本で唯一のボイラー製造所が三重津に設置され、田中父子が修理に臨んだ。彼らはその電流丸を調べ上げることで、自らの手で蒸気船をつくる手掛かりにすることができた。

一八六〇年、佐野は江戸に呼ばれ、佐賀藩が幕府から預かることとなった観光丸を三重津まで回航した。佐賀には蒸気船を維持するに足る十分な設備と人員が揃っていたからであろう。

一八六一年、ロシア艦が対馬に立ち寄り兵士が上陸、兵舎を建てたり土塁を築くなど不審な動きを見せたので、外国奉行小栗忠順が咸臨丸で対馬に出張するという事態が起きた。

このとき佐野は観光丸の船長として、表面上は練習航海と称して対馬を目指した。藩はロシアとの間の有事を想定して自藩の軍艦を伊万里湾に待機させた。事件は幸いにもイギリスが介入することにより、ロシア側が手を引いて幕引きとなった。佐野はこの年四十歳である。

一八六三年、三年間預かっていた観光丸を幕府に返還し、いよいよ佐賀藩自製の蒸気船製造に着手することとなり、佐野や田中父子ら十一名が担当者に命じられた。

彼らが二年半をかけて一八六五年に竣工したこの船は「凌風丸《りょうふうまる》」といい、薩摩が最初につくりあげた雲行丸《うんこうまる》（一八五五）に次ぐものである。雲行丸は雛形で実用には値せず、実際にはこの凌風丸が国産初の蒸気船とされている。直正の試乗の日は穏やかに晴れ渡り、凌風丸は外輪を廻しながら有明海を航行したという。

幕末も押し詰まった一八六六年、ナポレオン三世からパリ万国博への出品要請を受けた幕府は、諸藩に呼びかけてみたが、参加を申し出たのは佐賀藩と薩摩藩だけであった。

一八六七年直正は、佐野を代表とした五人からなる派遣団を結成し、フランスへ渡航を命じた。パリ万国博の会場では幕府と薩摩が火花を散らしていた。

凌風丸　佐野や田中父子により二年半かかって造られた。機関をカバーで覆ったような独自のデザインが目立つ（『佐野常民』から）

薩摩は会場で日章旗と薩摩藩の旗を交差して立て、徳川から独立した国であることを印象づけた。佐野もこれに賛同して、日章旗と自藩旗を交差して掲げた。幕府の方から撤回を命じてきたが、彼は「日本は天皇の下で、諸国連合の政体なのだから不都合はない」と応じて、結果的に幕府の面目は丸つぶれとなった。

また佐野は会場で国際赤十字の組織と活動を知り、深い感銘を受けた。それは西南戦争（一八七七）の際に、大給恒《おぎゅうゆずる》と共に「博愛社」を起こし、それがのちの「日本赤十字社」の創設へとつながる。

彼の渡航目的は万国博のみならず、軍艦や武器の購入にもあった。そのため彼はベルギーやイギリスも視察した。このときイギリスがオランダとは比較にならないほど大国であるのに気がついた。

博覧会の業務が一段落つくと、佐賀藩軍艦「日進丸」の発注のためにアムステルダムに向かった。このとき幕府オランダ留学生の赤松大三郎や、伝習所で師として仰いだファビウスやペルスライケン等が協力してくれた。

ところが一年後、佐野が帰国すると日本は一変していた。慶喜率いる幕府軍は鳥羽・伏見の戦いに敗れ、江戸城を明け渡し、官軍は東北諸藩を掃討中だった。

佐野は直正に従って京に上ったとき、緒方塾での同窓だった大村益次郎に再会することができた。当時、大村は新しい軍隊の創設に心血を注いでおり、海軍について佐野に様々な質問をした。結局、二人は一夜を語り明かしてしまったらしい。

大村はその後、『兵制五大綱目』を新政府に建議し、兵部省をつくり軍制改革（武士の解体と徴兵制）を実行したが、翌一八六九年、京都で反対派士族に襲われ暗殺された。

一八七〇（明治三）年、佐野は直正の推挙により、益次郎がつくった兵部省に出仕し、海軍創設に邁進した。経歴からいえば彼ほどの適材者は他に誰もいなかった。彼は築地に海軍操練所を設け、ヨーロッパでの見聞を活かして日本にイギリス式海軍を導入した。

ところがそんな彼の仕事が緒についたばかりのところで、突然身に覚えのない収賄の罪で罷免された。背景には長州が陸軍を牛耳っているのに対して薩摩が危機感を覚え、海軍を手中に納めようと強引な手口が使われたとされる。

それは佐野が去ったあとの海軍がたちまち薩摩閥一色となったことからもわかる。そもそも薩摩は早くからイギリスと手を結んでいたので、イギリス式海軍を佐賀に持って行かれるのが許せなかったのだろう。ともかく佐野が長い間培ってきた海軍の技術情報はここに終焉を告げた。

しかし、彼はその後も活発な活動を続け、一八七三（明治六）年、ウィーン万国博での日本館を成功させたり、国内でも勧業博覧会を開催したりして殖産興業に努力した。

明治二十五年、農商務大臣となり政治家としても成功している。

また外国人が日本美術を高く評価するのを知っていたので、日本美術協会の発足にも奔走し、八十一歳の生涯を終えるまでたゆまぬ活動を見せた。

彼は話はじめると留まるところを知らぬ性格で、後輩の大隈重信は、「佐野が議論をはじめると、思うような賛成が得られるまで半日でも真夜中までも、相手が屈服するまで議論を続けた。非常なエネルギー、恐るべき精力の持ち主だった」という。しかし上には上があるもので、彼の雄弁を以てしても伊藤博文にはかなわなかったという。それでも佐野は屈服せず、二、三日中に何かを調べてきては再び伊藤に議論を吹っかけるという具合だった。

そんな佐野を日本赤十字社の創始者のひとり、大給恒はナマコに喩えた。叩いても、折っても、引いても、ひねっても少しも変わらないというのである。

今でも佐賀の人々は、幕末までは蒸気船製造や海軍創立に関わり、維新後は和魂洋才で日本国家をリードした佐野のことを、「海の船長・陸の船長」として敬愛している。

▩佐賀藩主鍋島直正《なべしまなおまさ》

佐野常民は佐賀藩主鍋島直正を後楯として歩んできた。直正なしでは彼の生涯は語れない。

直正は一八一四年、江戸の桜田屋敷に生まれた。十七歳にして家督を相続したが、当時藩は巨額の財政赤字に悩んでおり、彼が帰郷する際も、金を貸した商人たちが大勢押しかけて、大名行列を品川で釘付けにした。

藩の実情に気がついた彼は、先ず財源を倹約することから財政再建に着手した。借財の整理の

ために は大なたを振るい、大坂や長崎の金融業者への返財を踏み倒すことも行った。そんなことから彼は「そろばん大名」という異名をとった。

財政改革は教育改革・軍事改革と平行して進められた。藩校「弘道館」も教育改革のために拡張され、ここに学ぶ者は二十五歳までに卒業できない場合、家禄を減じるという厳しい罰則が加えられ、佐賀藩の若者たちは必死で学業に専念した。こうした環境から生まれたのが、佐野常民をはじめ大隈重信、江藤新平《えとうしんぺい》、副島種臣《そえじまたねおみ》、大木喬任《おおきたかとう》、島義勇《しまよしたけ》などの優れた人たちである。

佐賀の蘭学はオランダ医学からはじまり、次第に軍事学へと研究が移っていった。武雄《たけお》領主鍋島茂義《しげよし》はいち早く、高島秋帆の西洋砲術を導入。その彼を本藩の砲術師範とすることで佐賀に洋式砲術が取り入れられ「蘭学寮」や「火術方《かじゅつかた》」が設置された。

一八四五年、オランダ本国から軍艦パレンバン号が派遣され幕府に開国を勧告した際、直正は長崎奉行を説得し、長崎警固のためにも是非軍艦を見学したいと申し出た。

幕府の優柔不断な態度に業を煮やしていたオランダ側は、直正を歓迎し、艦の装備や演習をすべて見せてくれた。商船とは違った強力な武装を目にした彼は海防の難しさを痛感し、その後、長崎警固を強化する決意を固める。

一八四九年、オランダ人医師モーニッケから痘苗《とうびょう》を入手できた直正は、さっそく世子淳一郎（のちの直大）に接種させた。それが契機となって種痘は日本全国に普及する。

大砲の鋳造のためには、数多くの難関を越えなければならなかった。

先ず高炉に用いる耐火煉瓦なるものが日本にはなかった。失敗を繰り返すうちに、地場産業である有田焼の陶磁器製造技術が役に立つことがわかった。原料の鉄鉱石は石見《いわみ》から取り寄せたが、銑鉄の均斉を保つためには、刀鍛冶《かたなかじ》や鋳物師《いものし》の技術までが取り入れられた。

こうして「和の技術」を用いた努力を重ねた末に、ようやく西洋製に劣らない実用に耐える三十六ポンド砲を独力でつくりあげるのに成功した。一八五二年、直正三十九歳のときである。大砲はさっそく長崎外港の伊王島と四郎ヶ島に設置されたが、翌年やって来たペリー艦隊はまっすぐに浦賀を目指し、長崎を無視してしまった。このときの直正の憤りは、阿部正弘に上申した意見書の「夷狄《いてき》どもの倨傲《きょごう》の振る舞い、断然打払い」という激しい言葉の中に窺うことが出来る。

和親条約を結んだペリー艦隊と入れ代わるようにオランダ海軍の蒸気船スンビン号が長崎に入港した。今回も直正はファビウス艦長を訪問し、装備や蒸気機関を見せて貰ったのち、艦の購入を申し出てオランダ側を驚かせた。

一八六〇年、日米和親条約の批准のため、幕府使節団が米国に派遣される際、佐賀藩は米艦ポーハタン号に五名、咸臨丸に二名、合わせて七名の藩士を乗船させることができた。

直正は彼らが帰国するとただちに英語の稽古を命じている。それはのち長崎に於ける英学校「致遠館《ちえんかん》」＊の設立につながり、フルベッキを外国人教師として雇用することになる。そしてこのフルベッキが、明治五年の岩倉使節団の欧米視察の発案者となる。

＊致遠館からは大隈重信や副島種臣、相良知安等が出ている。

一八六一年、直正は藩主の座を直大《なおひろ》に譲り、自らは閑叟《かんそう》と称して隠居の身になった。この頃から直正の行動は藩内から藩外向けの活動に移る。そうなると、それまで行ってきたように自分の采配通りにことが運ばない。この頃から彼は韜晦《とうかい》な人物として見られるようになった。

一八六二年、島津久光が京都に入り、彼を中心に公武合体派が勢力を盛り返していた。その際京にいた直正は、薩摩藩を出し抜いて朝廷に京都守護職を願い出た。のみならずそのために長崎警固を放棄しようとさえした。その結果彼は幕府の公武合体派から白い目で見られることになる。

また翌年、幕府首脳が京都に集まり、攘夷決行が諮問されたとき直正だけが参内しなかったので、攘夷派からも敬遠された。

こうして全国の藩の中では強大な武力を有しながら、幕府からも朝廷からも軍事的な要請を受けることなく、ただ長崎警固に専念するしかなかった。

佐賀藩は土佐藩のように大政奉還を積極的に進言することもなく、かといって追い込まれた幕府に殉じて武力を行使することもしなかった。そんな閑叟の態度は、ついに「内股膏薬《うちまたごうやく》（日和見主義者）」と陰口をたたかれた。

大政奉還が行われたのち、朝廷から上京を求められたが、直正も、藩主直大も動こうとはしなかった。鳥羽伏見の戦いを目前に上京したのは、佐賀藩家老鍋島孫六郎《なべしままごろくろう》の一隊のみだった。それでも佐賀藩は官軍として迎え入れられ、上野戦争に参加。大村益次郎の指揮の下、アームストロング砲を用いて一日で彰義隊の息の根を止めた。東征軍北陸道先鋒として会津にも進撃した。

明治元年、一段落着いて帰郷した直正は、三重津に出かけ自藩の蒸気船「凌風丸」に乗り、有明海の潮風をいっぱいに吸った。維新の混乱を何とか無事に乗り越えることができた彼の胸中は果たして如何なものであったろうか。

明治三年、海軍創設に尽力していた佐野常民が薩摩勢から無実の罪を着せられて兵部省を罷免されたとき、直正は憤懣《ふんまん》やるかたない佐野を訪れて、「じっとしておれ。佐賀に帰ることなどせぬが良い」と勧告した。佐野は「この殿のためなら……」と感涙にむせたという。

その翌年、直正は五十八歳でこの世を去った。

第五章　オランダ通詞の幕末

西吉十郎《にしきちじゅうろう》　長崎を去ったオランダ通詞

西家はオランダ通詞の名門である。『蘭学事始』に登場する西善三郎は彼の先祖に当たり、ゴンチャローフの『日本渡航記』に描かれた西吉兵衛は彼の父である。

一八四八年、日本に憧れを抱いたラナルド＝マクドナルド*という青年が、アメリカからハワイへ渡り、そこに来る一捕鯨船の船長と契約し、北海道の利尻島付近でボートを降ろしてもらい密入国に成功した。当然のことながらすぐに発見され、長崎に護送されたのち、諏訪大社下の大悲庵《だいひあん》に軟禁された。

*父が白人で、母がアメリカインディアンという混血児で、少年の頃、日本人三名（音吉、久吉、岩吉）がア

西吉十郎（webより）

メリカ西海岸に漂着しマカオに返還された。それを契機に彼は日本に興味を持つようになったという。

長崎の若いオランダ通詞十四名は、それを好機とばかりこのネイティブスピーカーから初めて英語を学ぶことになった。その中の一人が小通詞末席にあった吉十郎（十四歳）である。なおこの年で小通詞末席にあるのは異例の早さである。

マクドナルドは七ヶ月しか長崎にいなかったが、彼に学んだ通詞たちは、十九世紀初頭、蘭学者志筑忠雄《しづきただお》＊が体系化した蘭文法をすでに知っており、それが英語を学ぶ上で極めて有効に働き、みるみる上達した。マクドナルドは「彼らの文法の理解は早く、英語を教えるのは楽しかった」と回想している。

＊オランダ通詞の中の最高峰とされる。「引力」、「重力」、「速力」、「加速」など力学関係、「真空」、「楕円」、「衛星」など天文学関係、「鎖国」という歴史用語、「形容詞」、「副詞」、「直説法」、「不定法」などの文法上の言葉はすべて彼の造語。これらの言葉無しに現代は語れない。

ピストルを持った通詞・西吉十郎
（『〈通訳〉たちの明治維新』から）

成人した吉十郎は亡くなった父吉兵衛の後を継いで、海軍伝習所の通詞団に加わっていた。

一八五八年、二十四歳の西は楢林栄左衛門と共に、立山奉行所内の英語伝習所頭取になったが、急遽、江戸の外国奉行から出府するよう命じられた。その頃は、幕府がアメリカを初め諸外国と相次いで修好通商条約を結ぶためにも、通詞がいくらいても足りないという有様だった。そのために海軍伝習所では通詞不足をきたし、授業が滞るという状態にまで追いやられて行った。

西は二ヶ月ほどフランスとの外交交渉の翻訳や事務に携わったが、それが終わると、外国奉行になった永井尚志から呼び出され、外国奉行支配普請役格《ふしんやくかく》を命じられた。それはオランダ通詞という長崎の地役人から幕臣になることを意味していた。

じつは過去にも、このようにして長崎を離れたオランダ通詞がいた。一八一一年に出府した馬《ば》場左十郎《さじゅうろう》である。

馬場は志筑忠雄の晩年の弟子である。幕府はオランダの百科事典（『厚生新編』）を翻訳するにあたり優秀なオランダ通詞の翻訳能力を必要とし、天文方翻訳局に馬場を出向させた。

『蘭学事始』には次のようにある。

「馬場左十郎は先年臨時の御用で、長崎から江戸に招かれた。その間、御家人として召し出され、ついに江戸に永住することとなり、もっぱら蘭書翻訳の御用を勤め、オランダ語を学ぶ者は皆、その読み方を伝授してもらうことになった。私の弟子や、孫子までも、その教えを受けており、それぞれにその真法（蘭文法）を身につけることで、これからは正確な翻訳ができるようになるだろう」

こうして馬場が江戸に定住したことで、江戸蘭学にも蘭文法が導入され、オランダ人と接する機会のない江戸の蘭学者でも独力でオランダ語を学ぶことができるようになった。幕末に江戸の蘭学者が活躍する背景にはこのような事情が隠されていた。

幕臣になった西は一時故郷に戻り、新たに養子を迎えて長崎の西家をつくらなければならなかった。こうしてそれまで一つだった西家が、西と東に別れた。

幕府はペリー来航以来、長崎だけに外交をまかせるわけに行かなくなり、外国奉行をつくったり、外交文書の処理や海外情報の収集のために、「蕃書調所《ばんしょしらべしょ》」を九段下に設立した。

蕃書調所では、貿易業務に応えるために英語・ロシア語・フランス語など多言語の学習を命じられていた。すなわちオランダ通詞だけが外国語に取り組むという時代はもう終わりを告げていた。

江戸で働く西にとって、まわりはライバルだらけといって良かった。彼の蔵する蘭書には英語の入門書が見つかっており、彼自身がこれからは英語の時代であることを見抜いていたことが分かる。

西にはひとつの夢があった。それは蘭書を通じておぼろげながら知り得た「法律」のことである。西洋には「裁判」というものがあり、人々は公平な裁きが受けられるという。それを日本にもち込むことができたらという夢であった。

西が江戸に出て五年後、一八六四年、横浜を、鎖港に戻せるかどうか（つまり鎖国に戻せるか否か）を諸外国に打診するという目的で、池田筑後守長発《いけだちくごのかみながのぶ》を使節としてヨーロッパに派遣することになった。所詮それが無理であるのは幕府にも分かっていたが、攘夷派の勢いに対して迎合するポーズを見せなければ収拾がつかなかった。

この使節に、西は通弁頭取として参加することを命じられた。同行した者には、中浜万次郎から英語を習った尺振八《せきしんぱち》や、函館からはフランス語通詞塩田三郎《しおたさぶろう》等が通詞として同行していた。また、外国奉行支配として田辺太一（三期生）も加わっていた。

この池田使節はナポレオン三世に謁見し、フランスを実見しただけで横浜を鎖港に戻すことの無意味さを悟り、逆に貿易拡大の約定を結んで急ぎ帰国した。

一行が日本に帰る頃、イギリスは下関を封鎖している長州を懲らしめようと、フランス、アメリカ、オランダに軍艦の集結を呼びかけていた。しかしフランスは幕府が池田使節が結んだ約定《やくじょう》（契約）に合意すれば、攻撃には加わらない意向だった。だが幕府は帰って来た使節たちを罰し、約定を認めなかったので、フランスの軍艦が加わった四国連合艦隊十七隻が下関を目指し、わずか一時間で砲台を壊滅させ、二千人の将兵が上陸した。

こうして池田使節は何の役目も果たすことができなかったが、西個人にとってはヨーロッパを我が身で感じることができる貴重な経験をした。

翌一八六五年、幕府は上海への貿易の視察を行った。

この上海への出張貿易は最初は一八六二年、長崎奉行が中心になって行ったのを初めとし（五代才助が参加したもの）、二回目の一八六四年には函館奉行所が、そして今回の三回目は外国奉行が行ったので、西が呼び出され通弁御用頭取として一行に参加した。

ちなみに四回目は一八六七年、浜松藩と佐倉藩が合同で行なっている。だがこれらの幕府による輸出に対する努力は幕末動乱の影に隠れて注目されることは稀である。幕府は一方で、攘夷派に迎合しながら、他方では自由貿易を試みていた。

一八六七年、徳川幕府最後の年であるが、西は大坂出張を命じられる。兵庫沖には九隻からなる四カ国連合艦隊が錨を降ろし、通商条約の勅許と、大坂・兵庫の早期開港とを迫っていた。

そのとき、同じ大坂城内に福地源一郎《ふくちげんいちろう》がいた。

福地は西と同じ長崎の出身で、海軍伝習所が閉鎖したとき咸臨丸に乗って江戸に出た。森山多吉郎や長浜万次郎から英語を学び、外国奉行水野筑後守の配下で働いていた。

福地は一八六二年、六五年と使節団に加わって二度ヨーロッパに出かけた経験もある。

この二人が大坂城に留まっている間に、京都では王政復古が発せられ薩摩と長州の兵が御所を占拠し、会津と桑名の藩兵たちが京都から立ち退きを命じられた。ついで鳥羽・伏見で幕府軍と薩長の官軍が衝突。幕府軍は錦の旗を畏れて、いっせいに大坂まで退いた。そして慶喜は会津と桑名の両藩主と共に、深夜に城を抜け出して軍艦で江戸に逃れた。

しかし西と福地の二人にとっては、よもや官軍が大坂城をとり囲むなど思いもかけず、呑気に大坂城内に構えていた。そのうち城内から外国奉行が次々と姿を消したかと思うと、夜中になって組頭から「何を落ち着いておられる、上様はもう疾うにお立退きになりましたぞ」と叱責された。

西はそれが信じられず、まずは本当かどうかを確かめようと御用部屋に出向いてみると実際、一人の見る影もない。さらに奉行の詰所に入ってみると、公文書が散らかっており、部屋の隅には余程慌てたと見えて、ピストルまでもが置き去りにされていた。

同所にあった風呂敷包みをほどいてみたところ、新鮮な鴨の切り身と青菜と切餅が入っている。下部屋には鍋もあれば、だし汁も残っていたのでこれ幸いと一同で雑煮を囲んだ。

食べながら、西は「これから君はどうするつもりだ」と福地に問うてみた。

福地が「自分は紀州を通って江戸に帰る積もりだ」と答えたので、西は「それは良くない。今後、陸軍の敗兵が紀州を目指すのは誰の目にも明らかだ。だからそこは大混雑するに違いない。幸いなことに神戸に外国奉行柴田日向守《しばたひゅうがのかみ》がいるはずだから、我ら一同、彼の指揮に従うのが良策であると思うがどうだろう」と意見を述べた。

即座に全員が西の意見に同意した。

その後、書類を残すのは恥さらしとなるので、すべての書類に目を通し、必要なものは籠に収め不用なものは破って焼却させた。

こうして翌朝九時の集合場所を決めて、一旦その夜は銘々の旅館に戻った。市中は戦争のことなどまだ知らされていなかったので、いつものように平静だった。

翌朝、伝馬船で淀川の河口まで下り、神戸行きの船を雇ったが、あいにく風が強く船が出ない。仕方なくその日は外国方の用達《ようたし》であった鴻池《こうのいけ》家の別荘に泊まった。夜になると伏見の方角が火事で空が赤く染まった。

翌日もまた風が強く船出ができないと船頭が言うので、福地は同僚と二人で城内の様子を窺いに出た。思ったほどの騒ぎはなかったが、ときどき敗残兵が右往左往するのが見られた。

夜に入り風が少し静まったので船を出してもらった。沖ではなお波が荒かったが、夜を徹して漕いでもらった。

こうして翌朝九時頃、船はようやく神戸の浜に到着した。西はさっそく神戸奉行所に掛け合いに行ったが、そこは官軍の来襲を恐れた役人たちが奉行所をアメリカ領事に預けたのち、自分たちはイギリスの船を雇って江戸に帰ろうと大騒ぎをしており、彼に耳を貸すような者は一人も居なかった。

落胆して戻ってきた西は、彼らの不甲斐なさを憤り、「こんなことなら福地の言った通り、紀州路を通るのであった」と愚痴った。

それを耳にした若い福地が行動に出た。彼はただちに浜に出て行き、その辺に繋いである小舟の水夫たちに尋ねて、どれが奉行所が雇った艦であるかを確かめた。そして戻ると、交渉は自分がするからとにかく艦まで行ってみようではないかと呼びかけた。

皆が承知したので小舟に乗り移り、荷物と共にその蒸気船に近づいていった。船は幕府がチャーターした「オーサカ号」である。

福地は船長に向かって、「自分たちは外国奉行に属する者で、船中の部屋の割当てなどの用件のために先着した者だ」と告げた。こうして彼らは乗船し、部屋を確保することができた。

夕方になって神戸奉行が通訳の森山栄之助を連れて乗船して来た。森山は福地が英語を教わった師である。あとは奉行に簡単な挨拶をするだけで同行が許された。福地の作戦勝ちだった。

出航の際、船から大坂城に黒煙が立ちのぼるのが目撃された。

幕府が瓦解したとき、幕臣たちには四つの道しか残されていなかった。㈠江戸から脱走する、㈡新政府に仕える、㈢武士を捨てて農商になる、㈣徳川家の駿河移住に同行する。

西は、最後の駿河行きを選択をした。

一八六八（明治元年）年、静岡藩の陸軍用取扱を勤めたのち、翌年、静岡藩刑法掛権少参事になった。通訳とは異なる司法行政官として新しい道に踏み込んだわけである。その時、西三十四歳。

英語の出来た彼は海外の法律に学び、それを日本の法律へ受容してゆく過程で大いに役に立ったものと思われる。

明治四年、廃藩置県により静岡藩が消失したのちは、明治政府の司法省六等出仕となり、民法編集委員や東京控訴裁判所判事長などを経て、現在の最高裁判所に当たる大審院《だいしんいん》の院長、すなわち司法官として頂点を極めた。

裁判官になりたいという若い頃の夢を実現できたのである。

▩明治のジャーナリスト・福地源一郎

福地源一郎は一八四一年長崎に生まれ、小さい頃から「才子」呼ばわりされた。通詞名村家の養子となっていた当時、海軍伝習所の矢田堀景蔵（一期生）や、榎本武揚（三期生）と親しくなり、一八五七年、矢田堀が観光丸で江戸に戻るときに同行して出府した。

江戸で幕府通訳官森山多吉郎について英語を学び、横浜の運上所で通訳として出仕した。上司は外国奉行水野忠徳である。

一八六二年、幕府は攘夷派に譲歩して開市開港の期限を延長してもらうべくヨーロッパに竹内《たけうち》保徳《やすのり》使節団を派遣した。

一八五九年に開港した日本は、物価の高騰で攘夷の声が沸騰し、幕府は一八六三年に予定されていた江戸・大坂・兵庫・新潟の開港は不可能と判断、竹内使節をヨーロッパに送り、イギリス・フランス・オランダ・ロシア・ポルトガルの政府から開国の五年延期を認めて貰った。その期限こそが明治元年（一八六八年一月一日）に当たり、故にこの使節団は極めて重要な役割を果したことになる。

福地源一郎（『〈通訳〉たちの明治維新』から）

同行に通訳の福沢諭吉もいた。福地はヨーロッパを巡るうちに、新聞の重要性や演劇の面白さなど様々な体験をして帰国した。しかし、帰国してみると自分を歓迎したのは細君と老僕、それに二、三人の学友ばかり。彼にヨーロッパの情勢を聞きに来る幕府関係者など誰もいなかった。世の中は攘夷論の真只中にあり、洋行帰りの彼らはあべこべに命を狙われる危険さえあった。

福地の英語の師・森山栄之助（多吉郎）のところにも、「福地は口が軽いので出来るだけ他人には会わせず、家でやれるような仕事を与えておけ」という指示が出てていた。

彼の上司・水野忠徳も幕府の攘夷派に対する無定見な政治に嫌気が差して隠遁していた。

帰国した福沢もこの当時は警戒して、刀を売り払い言語挙動を慎み、ひたすら著述に専念したと『福翁自伝』にある。

翌一八六三年、そんな福地の下に水野から呼び出しが掛かった。水野は生麦事件の賠償金を払い終えた小笠原壱岐守長行と共に、二人にとって不倶戴天の敵と思われた京都の攘夷派を兵力で追い落とそうと謀ったのである。

もっとも福地にはそれは秘されたままで「もし君が国に報ずる気があるなら随行しなさい」とだけ言われた。彼は水野に従い、二千余人の兵士たちと一緒に三隻の軍艦に乗り込んで大坂を目指した。

しかしこの計画は会津、桑名両藩の反対に合い失敗に終わる。水野は福地を呼び出して、「自分は重ければ切腹、軽くて蟄居だが君には何の罪もない。すみやかにこの陣から立ち去るように」と、一通の紹介状を与えた。こうして福地は、役人から詰問を受ける前に脱出することができた。しばらくの間、大坂会所に御用の身として潜伏したのち、東海道を経て目立たぬように江戸に戻って来た。その後、半年ほど眼病をわずらい引き籠もっていたという。

一八六四年、彼は長崎で知り合った斉藤源蔵（三期生）に誘われ、林大学頭の屋敷に出かけた。そこには彼の話を聞きたいという水戸藩士たちが集まっていた。彼は幕府の因循姑息な開国は真の開国ではなく、外国勢を相手に十分な力を蓄えたのち開国しないと意味がないとぶちまけた。

その後酒の席となり、「じつは貴君が夷狄《いてき》の学に心酔しているというので、天誅をくわえようと決めたのだが、斉藤君が中に入ってともかく話を聞いてみてはどうかと言うので今日の席となった。話の中味次第ではこの場で斬る覚悟であった」と告げられた。

一八六五年、彼に思ってもみなかった幸運が降って湧いた。ヨーロッパ再訪の機会が訪れたのである。

今回は外国奉行柴田日向守剛中《しばたひゅうがのかみたけなか》に同行し、横須賀製鉄所の設立にともなう英仏両国への訪問で、福地への内命はフランスで国際公法を学ぶことであった。だがそれを学ぶには彼の語学は余りにもお粗末過ぎて、「一からやり直して来なさい」と教師に諭され、さすがの「才子」も自信喪失したようである。

こうして帰国すると「外国奉行支配調役格通弁御用頭取」へと出世したが、出番は一向に回って来ない。もう一度、国際公法を学びたいと請願しても聞き入れられなかった。

結局今回も帰国体験を生かすことはできず、彼は吉原通いで気を紛らわせるしかなかった。* 大政奉還の際にも小栗忠順に建白書を出したが一向に採用されなかった。

*福地の吉原通いは夙に有名で、師の森山栄之助から叱責されても通い続けた。彼の号「桜痴」も芸者「桜路」に由来するという。

一八六七年、大坂出張を命じられた後の行動は「西吉十郎」の項で述べた通りである。

江戸に戻った福地は幕府瓦解ののち、新政府への出仕を断って、薩長に対する鬱憤を晴らすかのように『江湖《こうこ》新聞』を発行した。それは幕府びいきの人々から大評判をとったが、逆に新政府からにらまれ発行停止に追い込まれ、彼自身は一時拘留された。

その後中江兆民《なかえちょうみん》と一緒に開いた日新社という塾で英語を教えていたが、明治三年から七年にかけて伊藤博文の知己を得て大蔵省に出仕、アメリカへの洋行を経験。明治四年には、岩倉使節団に随行通訳として四度目の洋行を果たした。

その間、福地は木戸孝允の立憲君主論に共鳴し、伊藤博文、井上馨、山県有朋らの長州閥に近づいた。しかしそれがのち、官に利用された挙げ句に、最後は御用済みとして官から捨てられるという後半生に繋がる。

官を辞したのちの福地は新聞界に返り咲き、『東京日日新聞』(のちの『毎日新聞』)の主筆兼社長となり、社説で政府寄りの立場から急進的な自由民権運動を批判して名声を博した。ちなみに新聞の「社説」は福地がつくったと言われている。

しかし明治十四年の伊藤博文と大隈重信の確執に巻きこまれ、民衆は福地を御用記者と認識し、あっという間に人気は凋落へと向かった。

その後「官報」の発行に伴い『東京日日新聞』は退潮し、明治二十一年ついに彼は主筆を降り、新聞記者にも終止符を打った。

晩年は歌舞伎座の創立に関与し劇作家としても活躍したが、同じ洋行組の福沢諭吉ほどの人気を保つことはできなかった。

本木昌造《もときしょうぞう》　長崎に戻ったオランダ通詞

本木昌造は一八二四年、現在の長崎の鍛冶屋町《かじや》に、地役人馬田又次右衛門《ばだまたじえもん》の次男として生まれた（別説あり）。その後新大工町の乙名北島弥三太《やさんた》の仮養子となり、次いで十一歳でオランダ通詞本木家の婿養子になると同時に稽古通詞として長崎奉行所に勤めた。

当時、隆盛を失いつつあった本木家は彼に期待するところ大であった。

二十一歳のときオランダ使節コープスが軍艦で来航、本木は際だった働きを見せ、銀五枚をもらっている。

二十三歳で小通詞に昇進。ここまでは順調に出世した本木であったが、養父が英語を学ぶこと

本木昌造　長崎の諏訪大社の境内にある立像

を薦めた時、彼はそれを断っている。
二十五歳、ペリーの黒船艦隊が来航する五年前（一八四八）、オランダ船カタリーナ号が西洋植字印刷機を幕府に献上した。それは英国製スタンホープ印刷機で、活字も同時に届けられた。しかし、幕府も奉行所もその使い方がわからず、とりあえず立山の長崎会所に置かれていた。

この植字印刷機に並々ならぬ興味を抱いたのが四人のオランダ通詞たちである。すなわち、北《きた》村元助《むらもとすけ》（五十歳）、品川藤兵衛《しながわとうべえ》（四十一歳）、楢林定一郎《ならばやしていいちろう》（三十歳）、本木昌造（二十五歳）である。彼らは印刷機を実際に役立てたくて、連名で奉行所に印刷機の借用願いを出したが許可されなかった。

オランダから幕府に贈られたスタンホープ印刷機
（『本木昌造伝』島屋政一から）

しかし、ペリー来航（一八五三年七月）により風向きが変わった。そこで彼らは再度同じ内容の建白書を上申した。

今回は阿部正弘の判断により、彼らの要求が通った。しかし皮肉なことに、その頃から外交がにわかに忙しくなり、オランダ通詞の数が不足するという状態になってきた。

ペリー提督よりわずかに遅れて、ロシア提督プチャーチンが長崎に来航した時

（一八五三年八月）、本木は軍艦パルラダ号に乗り込んで大通詞の西吉兵衛と一緒に対応した。

提督に同行していた文豪ゴンチャローフは、本木の語る日本語にじっと耳を傾けて、「それが非常に響きある言語だということに気がついた。日本語は特に語尾において母音が優位を占めている。他の東洋諸国語のように、不快な喉音《こうおん》がまったくない」と印象を書き残している。

一八五四年、クリミア戦争が勃発したためロシアとの交渉が中断されると急遽、本木は第二次ペリー来航のため下田行きを命じられた。そして日米和親条約の不備を補う協議に参加し、褒美として銀五枚を江戸城で下賜されている。

御用がすむと江戸で待機を命じられたが、その間、彼は土佐藩邸に出入りして蒸気船の知識を披露している。この時期、土佐藩が蒸気船に興味を示したのは、薩摩の雲行丸に刺激されたからであろう。

提督プチャーチンは長崎を去ったのち、カムチャツカ半島のペトロパブロフスク港で新しい軍艦ディアナ号に乗り換えて今度は下田に現れた。

本木は幕府応接掛に同行し、すぐさま下田に向かった。ところがその下田を地震が襲い、ディアナ号は津波で船底を傷つけ危機に瀕した。沼津にほど近い西伊豆の戸田《へだ》村で修理を施そうとディアナ号を曳航中に、さらなる悪天候にみまわれ沈没してしまった。

地元の漁民たちの献身的な救出活動により命拾いしたロシア人五百名は、戸田に仮小屋を建て、新たに全長二十四メートルの西洋型スクーナーをつくる決心をした。この戸田における日露協同作業を通して日本人は初めて西洋式造船術を学び取ることができた。

この時本木は、ロシア人と地元の船大工たちとの間を取り持つ通訳兼監督の役目を果たした。その間、日露交渉も同時に進められ、交渉中のトラブルはすべて通詞のせいにされ辛い日々を味わった。

一八五五年、本木は病気届けを提出した。交代の通詞が到着すると、彼は戸田から沼津に船で渡り、そこから東海道を通って故郷長崎へと戻った。しかしそこにはさらに輪をかけた激務が彼を待っていた。

港には二隻のオランダの蒸気船が浮かんでいた。ヘデー号には昨年やって来たファビウス中佐が、スンビン号には教師団団長のライケンがそれぞれ艦長として来航し、海軍伝習が準備段階を迎えていた。

一八五六年海軍伝習がはじまり、本木は「蒸気船乗方等伝習掛」、「鉱業伝習掛（石炭掘削術）」、「イギリス船船掛（日英追加条約の交渉）」、「錫《すず》持渡商法掛（帳簿係）」、「御誂持渡物取扱掛（帳簿係）」などの役目を矢継ぎ早に押しつけられた。

そんな彼にとって唯一救いだったのは、品川藤兵衛と一緒に「活字判摺立（印刷）方取扱掛」を言い渡されたことである。

高齢だった藤兵衛は本木など働き盛りの通詞がいなくなった長崎で、一人でこつこつと印刷術の研究を進めていた。そしてようやく見本刷りまで漕ぎ着けた。この藤兵衛の努力が奉行所を動かし、海軍伝習の一環として西役所に「活字板摺立所」が設置され、彼は出島に出入りするよりも、海軍伝習所や活字板刷立所、あるいは港内を観光丸で乗り廻す時間の方が多くなった。

一八五六年オランダ語で書かれた『文法書《シンタクシス》』五百二十八部が刷り上がった。それは江戸の幕府天文方、蕃書調所、オランダ人定宿「長崎屋」、京都の「海老屋」、大坂の「長崎屋」そして地元の長崎会所などで一部金二分で販売された。江戸で蘭学を教えていた長崎出身の杉亨二もそれを購入している。

一八五七年到着した第二次教師団の中に、活版印刷に詳しいオランダ人、インデルマウルが交じっていた。長崎の人々は彼のことを「インドマル」或いは、「早業活版師《はやわざ》」と称した。「早業」が付いているところに、当時の人々が受けた衝撃が伝わってくる。

この時、西役所に置かれていた印刷機はいったん江戸町のオランダ通詞会所に移されたが、やがて出島に移され「オランダ印刷所」として、インデルマウルによる印刷術伝習がはじまった。

そこに入ったことがある唐物屋《からものや》（輸入業者）が、のち長崎学の祖・古賀十二郎《じゅうじろう》に次のように語っている。

「背の高いオランダ活版師インドマルが、しきりに日本人職工たちを監督し励ましている。部屋の一隅にオランダ通詞本木昌造が監督官として椅子に腰かけている。印刷機械が動きはじめると、部下の通詞たちは、せわしげに矢立《やだて》の墨壺に筆を染めて刷りものを校正する。最後にそれを本木昌造が検閲する」。

インデルマウルの指導の下、印刷は著しい進歩を見せた。ただ、本木についていえば一八五七年から翌年にかけて、蘭書販売に関して連座し、十ヶ月ほど入牢したという史料が見つかっている。詳細は未だ明らかにされていない。

一八五九年、本木は英語の需要に応えて『和英商売対話集』を発行した。面白いことにそれは木版と木活字（堅い木の活字）とが併用されており、明らかに洋活字に近づこうとする努力がみられる。

同年、三十年振りにシーボルトが長男を伴って開港した長崎にやってきた。オランダ商事会社顧問として再来日した彼は、二年後、出島のオランダ印刷所から『Open Brieven uit Japon（日本からの公開状）』（一八六一）を出版している。

また、医学伝習を担当していたポンペは、自分の授業で使用する講義のハンドブックを、同じ印刷所で印刷してもらった。それが『Beknopte Handleiding tot de Geneemiddelleer（薬学指南）』（一八六二）である。

こうして本木は、西洋活字を使用して印刷するところまでは漕ぎ着けた。ここまで来ると、日本語の活字が造りたくなり、木活字や水牛の角に文字を彫りつけたり、鋼鉄を削ってみたりして、字母（母型）を造ろうと様々な試みをしてみたがどれもうまく行かなかった。

一方、海軍伝習所が閉鎖され、長崎・神奈川・函館が外国に開かれると、通詞たちの身の上にも変化があらわれた。一八六〇年、本木は三十七歳にして長崎飽《あく》ノ浦製鉄所御用掛を命じられた。

本木はオランダ商館の医師ファン・デン・ブルックから化学・物理・数学・測量・鉱業・製鉄など科学技術を習得していたので、そこを見込まれたものと思われる。

一八六三年海軍拡張にともなって、製鉄所にもイギリス艦外輪式蒸気船ヴィクトリア号（第一長崎丸）と、チャールズ号（長崎丸）とが購入された。

伝習所で蒸気船の操縦を学んだ本木は、購入後わずか二ヶ月で、チャールズ号を大坂へ回航するよう命じられた。その際本木はためらうことなく十八歳の平野富二《とみじ》を機関長として採用した。

京都では江戸から将軍家茂が上洛し、朝廷から攘夷決行を迫られていた。その際大坂湾海防の話が持ちあがり、勝海舟が案内役として将軍家茂を蒸気船順同丸に乗せ、その後チャールズ号に朝廷の実力者姉小路公知《あねこうじきんとも》を乗せて紀州まで巡航した。この時、坂本龍馬が姉小路に随行している。

勝はこれを好機と捉え、沿岸防備に巨額な費用を投じるよりも海軍を整備した方が良いと将軍と姉小路を説得し、のち神戸に海軍操練所を開くことになる。また姉小路はこの視察で、外国勢の脅威と攘夷決行の愚かさを悟ったとされている。そんな彼はしかし、京都に戻るとまもなく攘夷派の手によって暗殺されてしまう。

役目を終えた本木が長崎に戻るとまもなく長州が攘夷を実行し、関門海峡を通過中の外国船を砲撃した。その際、幕府が薩摩に貸していたチャールズ号が下関で外国船と間違えられて長州藩士の砲撃で焼失、沈没してしまった。薩摩は同時に航海術の修得者のほとんどを失ってしまった。長州はすぐに詫びの使者を出したが、結局両者は一年後、京都に於ける「禁門の変」で衝突する。

翌一八六四年、イギリス・アメリカ・フランス・オランダの四カ国の十七隻からなる連合艦隊が報復に出て、下関砲台をいとも簡単に占領した。

その年、本木は長崎奉行の命令でヴィクトリア号を大坂へ回航した。すると幕府から、公文書を至急江戸に運ぶように命じられた。艦は無事に任務をまっとうしたが、江戸からの帰りに遠州灘で大風に遭い、五日ほど漂流した末に八丈島まで流された。乗組員は無事だったが船体に亀裂が入り艦は沈没した。

連絡手段のなかった時代、彼らの捜索は遅れをとり、長崎に戻れたのは半年あと（一八六五）のことだった。これで製鉄所が所有していた蒸気船は一隻もなくなり、平野は機関士としての腕を買われて土佐藩に雇われて行った。

当時長崎製鉄所は江戸から肥田浜五郎が来たりして、それなりに稼働していたが、やがて幕府が横浜や横須賀の製鉄所（のち造船所）に力を入れはじめると長崎の方はなおざりにされた。

本木は、そんな活気のなくなった製鉄所の再建計画に情熱をそそいだ。

一八六六年、「小銃制作の儀につき申上候書付」、「製鉄所模様替えの儀に付申上候書付」、「製鉄所御仕法替に付製作品値段定法」など業務拡張のための意見書を矢継ぎ早に上申した。

一方、お隣の中国では、ペリーの黒船艦隊に通訳として乗船していたサミュエル・W・ウィリアムスが、華美書院という印刷所で漢訳聖書などを出版し、キリスト教の布教に貢献していた。華美書院はやがて上海に移り、ウィリアム＝ガンブルが監督となった。ガンブルは西洋活字と中国の漢字活字の調和に努力を重ねた末、今日の五号活字（辞書用の小さな活字）を作りあげた人物とされている。

ところで薩摩藩主島津斉彬によってつくられた開成所は早くから印刷術に目をつけ、その華美書院からワシントン・プレスという米国製の印刷機を購入していたが、それを十分に活用できなかった。

本木は人を介してその印刷機を譲ってもらったが、その際届けられた活字には漢洋二種があり、中国ではすでに漢字の鋳造に成功していることに気がついた。そこで門弟を上海に数回遣わし、活字母型の製造法を学ばせようとしたが結局、成功しなかった。

一八六七年最後の長崎奉行河津祐邦《かわづすけくに》が着任。その二日後が「大政奉還」である。奉行所では直属の「遊撃隊」が組織された。

一八六八年一月一日、諸外国と結んだ条約が発効し兵庫が開港、続いて鳥羽伏見の戦い、王政復古の布告と慌ただしい。長崎でも「遊撃隊」と、反幕勢力の「海援隊」が対立したが、土佐藩の佐々木高行《ささきたかゆき》の仲介で戦火を見ることなくすんだ。二月八日深夜、河津がイギリス船で江戸に去っていった。

十八日、政治的空白となっていた長崎に新政府から沢宣嘉《のぶよし》が着任した。その下で働いたのは長州の井上聞多《いのうえもんた》、薩摩の松方正義《まつかたまさよし》、肥前の大隈重信、土佐の佐々木高行など錚々たるメンバーである。旧幕府の施設は製鉄所を含めすべて官に没収された。

この年本木は四十五歳、再び忙しくなった。

前年大水が出て浜町の大橋が流失した。人通りが多いのですぐに仮橋が架けられたが、本木は製鉄所で鉄橋を造ること上申。それはただちに採決され、翌一八六九年日本最初の鉄橋が完成した。

また彼はグラバーと五代才助によってつくられた小菅《こすげ》のスリップ式ドック（修船場）を新政府に買上げさせ、翌年、製鉄所の管理下に置き、土佐藩から戻った平野富二を技術担当責任者に置いた。

印刷の方では、入手できた漢字の金属活字を活用して長崎新聞局から『崎陽《きよう》雑報』を出版し、地元から奥州鎮圧に向かった振遠隊《しんえん》の記事などを報じた。

一八六九（明治二）年、本木に朗報が届いた。英語教師フルベッキの仲介で、上海の華美書院の所長ガンブルが帰国の途中、製鉄所付お雇いとして長崎に立ち寄ることが決まったのである。

長崎の興善《こうぜん》町の活字伝習所（現・長崎市立図書館）でガンブルが教えた活字母型の作り方は現在「電胎法《でんたいほう》」と呼ばれている。それは彫刻の複製やレコード原盤の製作に使用されていたものを活字母型に応用したもので、バッテリーを用いて金属塩の水溶液を電気分解し、銅を厚く電着させることにより複製を得る方法であった。

ガンブルは他にも、罫《けい》線や輪郭《りんかく》罫などの製法も伝えた。こうして新たな方法でつくられた活字は「崎陽《きよう》活字」または、「本木活字」と呼ばれ、従来の活字とは一線を画していた。

一八七〇（明治三）年、本木は活字と印刷業だけで独立出来ると考え長崎製鉄所を辞任し、後任に長崎製鉄所に復帰していた機関手の平野を当てた。

官を辞した本木は「新町活版所」で、我が国初の鋳造活字を完成させると同時に、教育事業「新町私塾」をおこした。その志は良かったが、明治五年、新政府が新たな学制を敷き、長崎にも三つの小学校が開校されたりして、順調に発展するという具合にには行かなかった。

同じ明治三年、活版技術を身につけた門弟たちを大阪・横浜・東京に派遣して中央への進出をはかった。大阪は五代才助の斡旋により、横浜は神奈川県令から新聞発行依頼によるものであった。こうして日本初の日刊新聞『横浜毎日新聞』が、明治三年十二月十二日付けで発刊された。

だが印刷は世間ではまだまだ木版が主流で、事業は思ったほどの収益をあげることはなく負債ばかりが増えていった。活版印刷の発明者グーテンベルクがそうであった通り、本木も「パイオニア・メリット」に恵まれることはなかった。

翌（明治四）年、長崎製鉄所が新政府の工部省に編入された時、地役人の出であった平野富二は官を辞めざるを得なくなった、それを機に本木は平野に頭を低くして、新町活版所に迎え入れ経営の刷新を彼に一任した。

富二は持ち前の才能を発揮して、経営を刷新し活字の質の向上をはかり、翌五年には、自ら東京に進出、東京築地活版製作所を成功させ、崎陽活字を活版印刷の本流ならしめた。

一八七五（明治八）年、本木は病後の保養と、門弟たちの活版所の視察をかねて京阪の地に旅立った。大阪には大阪活版所、京都には点林堂《てんりんどう》が彼の事業を順調に発展させていた。それを目にして、本木は自分の見通しが誤ってなかったことを確信できた。

しかし、旅中に病気を再発させ、長崎に戻り療養につとめたが、九月三日、五十二歳で多彩な生涯を閉じた。

明治の起業家・平野富二

平野富二は一八四六年、長崎地役人の家に生まれ三歳で父を亡くし、母の手によって育てられた。十二歳で出仕し、奉行所の番方《ばんかた》に属した。今でいう警察に似た職場である。本木昌造はこの利発な少年に早くから目をつけていたとされる。

一八六一年、十六歳のとき製鉄所にいた本木の采配で同所に勤務し、機関方で機械の伝習を受けた。

やがて平野は蒸気船の機関長になり、チャールズ号やビクトリア号を運航した。一八六三年、長崎新町の長州屋敷に住む吉村庄之助《しょうのすけ》の養子となり吉村富次郎となる。

一八六六年、八丈島から戻った彼は、対長州戦争では長崎港巡視用軍艦「回天」の機関士として、小倉沖海戦で大活躍を見せた。

それを知った幕府は、彼を江戸軍艦所所属の機関士に内定したが、のちそれは取り消された。平野は憤慨し辞表を提出、養子先吉村家とも離縁して、以後平野富次郎《とみじろう》を名乗る。

一八六七年、土佐藩に雇われ蒸気船機械方になる。その年長崎寄合町《よりあい》でイギリス水兵二人が斬殺された。いわゆる「イカルス号事件」である。彼は参考人として尋問をうけ、その時坂本龍馬の面識を得た。その後わずか二ヶ月余で龍馬は京都で暗殺されるが、その話が出る度に、平野は「友愛の情に堪えず」と漏らしていたという。

同年土佐藩を解任された平野は、翌一八六八（明治元）年長崎製鉄所の機関士に復帰し、本木昌造が辞職するのと入れ代わるように製鉄所の責任者となる。彼は同時に小菅修船所の技術担当も兼ねることになる。

一八七〇（明治三）年、製鉄所が県から国の工部省へ移管される過程で経理不正が発覚、首謀者たちは免職させられたが、その際平野も責任をとるかたちで製鉄所を辞任した（その後製鉄所は明治四年、長崎造船所と改称され、明治十七年三菱の岩崎弥太郎に貸与される)。

ときあたかも、本木は印刷事業が思ったように進まず頭を抱えていた。そこで彼は平野に相談し継業を依頼したが、平野は自分は鉄工業や造船の道に進みたいと言って首を縦に振ろうとはしなかった。しかし、再三の本木による依頼についに折れて新町活版製造所に入社する。

その後の平野は種々の困難を克服しながら、活字の鋳造技術の向上を計りつつ、明治四年、大阪・東京方面への崎陽活字の売り込みに成功する。

明治五年ともなると人々は新政府による行政改革にも馴れ、それまでの木版印刷の不便さを感じるようになってきた。ようやく活字の販路にも道が開けてきた。そうなるといちいち活字を長崎から取り寄せるのは不便なので、彼は新妻を連れて上京し東京に文部省御用の活版製造所を神田佐久間町に開設した。

明治六年築地に土地を購入、事務所と工場を移転した。新たに印刷機械の製造販売もはじめた。本木が視察を兼ねて明治七、八年と続けて上京した。平野は活版所の経営状態から、本木に養老金を仕送りすることに決めた。しかしそれからわずか半年後に本木は長崎で死亡する。彼の遺言は「東京の活字製作所は平野に一任しているので、他人は口出しすべからず」というものであった。

明治九年、幕末に千代田形を竣工させた石川島修船所が廃止されたので、その跡地とドライ・ドック等を海軍省から借用し、東京石川島造船所とし、印刷機製造の機械も築地から移転させた。造船や機械製造をやりたいという平野の初志がここにようやく実現された。

平野富二
（『本木昌造伝』から）

明治十一年、長崎で本木昌造の三回忌を終えた平野は、活版と造船の事業収益が十三万八千円の額に達したのを報告し、その全額をすべて本木家に渡すことで、昌造から委託された事業を終わりにしたいと申し出た。その平野の無欲過ぎる申し出に、その場に居た人は驚いた。結局、造船所の資産四万八千円は平野個人の所得とすることで決着したが、一同、平野の深い道義心に感心しない者はいなかったという。

残りの資金九万円は本木家の人々、出資者、功労者などで分配し、新たなる「合資会社東京築地活版製造所」として独立させた。そして両所の株金一万円ずつを交換し、両者の関係が末長く絶えることがないように決議した。さらに本木家の嗣子本木小太郎《こたろう》（二十二歳）を活版製造所の所長とし、平野自らが後見人となった。

平野が石川島造船所で最初に手掛けたものは、喫水の浅い川蒸気*「通運丸《つううんまる》」で、初めは利根川や江戸川で、のちには東京湾内で活躍した。

＊「川蒸気」とは、川を運行する蒸気船のこと。

彼は西洋から輸入されていた工業製品の国産化とその普及にも様々な分野で貢献している。例えば現在の山手線の品川・赤羽間の工事にあたっては、フランスで開発されたトロッコを用いる最新技術を導入し、人力だけで行っていた建設費をおさえ、時間も短縮させることで鉄道網の普及に大きく貢献した。その際、工事を請け負う平野土木組が設立されている。それは鉄道用地造成工事や足尾銅山などにトロッコを導入することにより事業規模が拡大していった。

明治十九年、平野は脳出血で倒れ一時重症に陥った。療養に専念し回復したのは初冬になってからであった。

同年、隅田川に掛かる東京初の鉄橋「吾妻橋」の鉄材加工と組立て工事を請け負った。また民間初の一等鉄製軍艦「鳥海」を建造した。鉄製軍艦は、それまで海軍造船所でもつくれなかったので、リベットを用いた最先端の技術を駆使したこの造船は、民間造船業の偉大な進歩を世の中に印象づけた。

明治二十年、平野の持病が再発し、草津や伊香保などで療養した。そのため、彼の事業は親族や株主による個人経営では間に合わなくなって、見直しが検討されるようになった。

明治二十一年、造船とは異質の事業である平野土木組が廃業された。残されたレールは十五マイル、トロッコが三百二十台にのぼったという。

築地活版製造所が会社組織になったとき（明治十八年）、社長になっていた平野はこの際辞任し、本木小太郎を社長とした。

明治二十二年、石川島平野造船所を有限株式会社「東京石川島造船所」とした。

明治二十三年、東京平野汽船組合を解散させ、他社と併合させ東京湾汽船会社を設立した。創業当時の所有船は二十一隻であった。それは昭和十七年戦時下のとき「東海汽船株式会社」と名前を変えて現在にいたっている。

同年、東京石川島造船所は東京電燈会社から浅草公園の十二階凌雲閣《りょううんかく》に我が国初のエレベーター工事を請け負った。

明治二十五年、東京の水道管を国産品にするか輸入品にするかで世論が二つに分かれたとき、富二は国産鉄管の使用を主張した。そしてその支持者たちに乞われて演説に立ったとき、持病の脳出血に襲われて急死した。四十七歳の働き盛りだった。

第六章　幕臣という呪縛

榎本武揚　蝦夷《えぞ》共和国総裁

武揚の父箱田良助《はこだりょうすけ》は天文・暦法に従事する途を選び天文方高橋景保《かげやす》や伊能忠敬《いのうただたか》に師事して測量術を学んだ。忠敬の死後、良助は数学者・測量家として世の中に知られていた。

その子武揚はのち地球を駆け巡るほどの活躍を見せるが、この父にしてこの子ありの感を深くする。

榎本の青少年時代は不明なことが多い。彼が歴史に登場するのは海軍伝習所の二期生となった時からである。

彼が伝習生になれたのは昌平黌時代の友人井沢謹吾の伝手《つて》により、その父井沢美作守《みまさかのかみ》政義《まさよし》に伝習生になりたい旨を訴えたからとされる。しかしいわゆるそのコネだけでなく、美作守がそれ

榎本武揚（webより）

なりに榎本の資質を買ったものと思われる。彼ははじめ矢田堀景蔵（一期生）の従者として長崎に下り、第一期の授業を中途から聴講していたようであるが、第二期から正規の伝習生となっている。

カッテンディーケの『長崎海軍伝習所の日々』には井沢謹吾も榎本も登場するが、特に榎本については次のように強調している。

「私は日本人が如何に熱心に航海術に熟達したがっているかを知って驚いた。ヨーロッパでは王侯といえど、海軍士官となり艦上生活の不自由を堪え忍ぶということは、決してめずらしいことではない。しかし日本人、例えば榎本武揚のごとき、その先祖は江戸において重い役割（旗本を意味する）を演じていたような家柄の人が、二年間、一介の火夫、鍛冶工および機関部員として働いたことは、まさに本人の優れた品性と、絶大な熱心さを物語る証左である」

このようにオランダ人教師の目に止まるほど熱心に伝習に励んだので、一八五八年、朝陽丸で江戸に戻ると、榎本はすぐに築地の海軍操練所の教授を命じられた。

当時幕府は軍備充実の機運に溢れており、通商条約を結んだアメリカに軍艦を注文し留学生を送ることを決定した。しかしたまたま南北戦争がはじまり、向こうから受け入れを断ってきた。そこで急遽予定を変更して行き先をオランダに変更した（一八六二）。

幕府オランダ留学生は次の七名である。

船具、運用、砲術　　内田恒次郎（三期生）

同右及び機関学　　榎本武揚（二期生・三期生）

同右銃砲、火薬製造法　　沢太郎左衛門（三期生）
同右及び造船学　　赤松大三郎（三期生）
同右及び測量学　　田口俊平（二期生）
法律、財政学、統計学　　津田真一郎（のち真道《まみち》　蕃書調所）
同右　　西　周助（のち周《あまね》　蕃書調所）

他に、水夫小頭古川 庄八《ふるかわしょうはち》、鋳物師中島兼吉《なかじまけんきち》、船大工上田虎吉《うえだとらきち》（一期生のち横須賀製鉄所初代職長）、時計師大野弥三郎《おおのやさぶろう》、鍛冶師大河喜太郎《おおかわきたろう》、一等水夫山下岩吉《やましたいわきち》が同行し咸臨丸で長崎に行き、そこでポンペの伝習生伊東玄伯《いとうげんはく》と林研海《はやしけんかい》が加わり総勢十五名となった。

長崎からはオランダ商船に乗り込みバタビア（ジャワ島にあるジャカルタ）まで行き、そこで欧州通いの客船に乗る予定だった。

しかし商船が台湾海峡を通り過ぎたのち南下してガスパル海峡に入ると、大風に襲われ暗礁に乗り上げた。離礁を試みたがついに破船し、船長と水夫はボートで現場を離れ一行は取り残されてしまった。現地人の船でいったん近くの無人島に避難したが、そこは極めて小さな虫が飛来して衣服を通して身体を刺すので、一晩中歩き回って眠れなかった。

ようやく近くの島から現地の酋長がやって来て船で彼等を島に移し、そこからバタビア政庁に連絡がとれて軍艦が迎えに来た。

バタビアには二週間ほどいたが、その間はじめて「馬車」なるものに乗って灯台・城塞・国会議事堂・監獄・病院・製鉄所・ガス工場などの施設を見て回った。

彼等が何より驚いたのはアイスクリームを食したことである。聞いてみると、カルフォルニアから買っているのだという。こうして「地獄」と「天国」を経験した末、いよいよヨーロッパを目指した。

船はインド洋を横断し、喜望峰をめぐり大西洋の孤島セント・ヘレナ島までおよそ百日間というものどこにも寄港しなかった。その島というのはかつてナポレオンが幽閉されていた場所で、日本人として初めてナポレオンの幽居と墓碑を訪れている。

去載深秋瓊陽発　　去載の深秋　瓊陽《けいよう》（長崎）を発す
路程十有五旬強　　路程十有五旬強
春風喚醒往時夢　　春風喚《よ》び醒《さま》す往時の夢
吹向烈翁幽死場　　吹き向ふ烈翁《れつおう》（ナポレオン）幽死の場（お墓）

このように榎本は漢詩を能《よ》くした。その後、船はイギリス海峡を抜けて、三百二十四日目にして無事オランダに着いた。船を迎えたのは日本人を一目見ようと集まった大群衆であった。

幕府が留学生を送り出す前、彼等には細かい注意が言いわたされていた。

一、いかなる場合にも日本の秘密を漏らさざること
一、切支丹宗門に肩を入れまじきこと
一、本朝の風俗を改めまじきこと

大小を差し、チョンマゲ姿に羽織・袴で通すのは、大勢の好奇の目をひいた。どこに泊まっても、外出してもたちまち人だかりができるのである。それを聞いたカッテンディーケ（当時は昇

進して海軍大臣）は、「滞在中だけでもヨーロッパの風俗に習えば良いのではないか」とアドバイスを与えた。

そこで内田・榎本・田口の三名は、前から見ると普通の散髪に見え、後方だけは髪を丸めて簡単に結んでいた。そこまでこだわったのは、いつ帰国命令が出てもすぐにチョンマゲに戻せるための彼等なりの工夫だった。それでも劇場内では脱帽しなければならず、そのつど好奇の目に晒されなければならなかった。

留学生一行を迎えたのはライデン大学の日本語学者ホフマン教授で、彼の忠告に従って榎本等七名は首都ハーグで学ぶことになった。榎本は好奇心が旺盛で何人もの教授について色んな学問を学んでいる。

造船を学んでいた赤松はドルトレヒトの造船所に居を移し、幕府が発注した開陽丸の建造に関わった。

そのころドイツ統一に向かっていたビスマルクは、隣国デンマークと対立しユトランド半島を巡り戦端を開いた。榎本と赤松はこれを絶好の機会と捉え、一八六四年、観戦武官として戦場におもむいた。

その後、イギリスが調停に入ったので今度はデンマーク側からも戦況を見ようとコペンハーゲンにも渡った。その結果、二人は優位に立つプロシャ軍は元込めのスナイダー銃を用い、デンマーク軍は先込め銃を使っているのに気がついた。前線視察の帰りにはドイツで最新のベッセマー法で鋼鉄を大量生産していたクルップ社を見学、プロシャの武器が世界で最も進んでいるのを確認した。

一八六五年、彼等が戦場視察からオランダに戻ると、石川島造船所や「千代田形」の機材購入に出張した肥田浜五郎（二期生）がパリからハーグへやって来て、赤松や沢と再会した。

同年、津田と西が学習を終え三年振りに帰国した。一方、鍛冶師大河喜太郎がアルコール性肝炎で客死した。彼の墓には「オランダで亡くなった最初の日本人」と記されている。

その後榎本は赤松と一緒にイギリスにも一ヶ月ほど出かけ、リバプールなどを見学した。その間に開陽丸が完成し一八六六年、内田、榎本、沢、田口、古川、山下、中島、大野、上田の九名の日本人がそれに乗り込み帰国した。帰りは南米のリオデジャネイロに寄港したのち、大西洋を横断、喜望峰を経由しインド洋を渡り、無事横浜に着いた。

造船を学んでいた赤松は、ちょうど造船技術が木造船から鋼鉄船へという変革期に遭遇したため、新しい造船技術を学ぶべく医学修得中の伊東・林の二人と共にオランダに残留した。

こうして留学生は四年九ヶ月の間、日本を留守にしたが、その間日本は未曾有の大変革を経験した。榎本が帰国したのは一八六七年五月、幕府はすでに崩壊寸前といって良い。

十月、矢田堀を司令官、榎本を艦長、沢を副艦長とした開陽丸は兵庫で幕府軍のいる阪神方面の海上を警戒していた。

鳥羽伏見の戦では、じつは陸軍より海軍の方が一足先に戦闘を開いた。開陽丸は薩摩藩の蒸気船・春日丸、平運丸、翔鳳丸の三隻が兵庫の港から脱出しようとするところを見つけ追撃したところ、翔鳳丸が淡路の沿岸に乗り上げ、兵は自ら艦に火を放って逃亡した。こうして凱歌は幕府海軍にあがったが、陸では錦の御旗を掲げた薩長の官軍に惨敗した。

矢田堀と榎本が最新情報を得るために上陸し、副艦長・沢太郎左衛門が艦を守っていると、朝ぼらけの中を米艦の方からボートが近づいてきた。訳を聞くと、大坂城を夜半に脱出した慶喜と会津・桑名の両藩主を乗せた和船が、激浪に翻弄されながらもかろうじて自分たちの艦にたどり着いたので彼らを引き取りに来てくれという。

事態を理解できぬまま沢が米艦に出かけたところ、果たして慶喜の姿があった。彼は思わず、「上様には如何にして、かかるところに御座ましますか」と口にしてしまった。

ともかく沢は一行を開陽丸に移さなければならない。ボートの揺れが激しく、やむを得ず将軍を両股で挟んでその身を支えたというエピソードが残されている。

開陽丸の艦内で、慶喜が江戸に戻る意志を乗組員に明らかにすると、大きな失望がひろがった。沢が代表して意見を慶喜に伝えた。「本艦は目下司令官も艦長も不在で、私一人の意志で艦を出すことはできません。本艦が動いたら、僚艦、富士山・蟠龍・翔鶴が本艦と供に行動をすることになり、そうなればこの海域に薩長の海軍がやって来て、大坂を占拠するのは必至であります」と、抗弁した。

慶喜は不機嫌な顔になり「ならば富士山丸の艦長を呼べ」と命じた。激浪に揉まれながら富士山の艦長がボートで到着すると、「今からは富士山丸を指令艦と心得、諸艦を指揮すべし。直ちに出航の準備に入れ」と命じた。

そこまでやるかと腹を決めた沢は、部下たちに命じて開陽丸を運行させた。彼に残された最後

開陽丸　長さ72.8メートル、410馬力という大型木造戦艦
（『幕末の蒸気船物語』から）

の手段は、航行するように見せかけて大坂湾を巡航することであった。しかし、艦の動きはやがて慶喜の一行に悟られて詰問を受けた。万事休すである。沢は涙を飲んで「開陽」を江戸に向けた。

この時、艦長榎本は天保山から望遠鏡で艦隊の奇妙な動きを見ていた。しかし、どうすることもできなかった。

じつは榎本が大坂城に入ったのは慶喜が脱出したわずか数時間後のことであった。慶喜の座敷は、取り散らしたままであるのが一目でわかった。彼はさしあたり重要な刀剣・什器若干と金蔵《かねぐら》から十八万両とを出し、荷車五輌に積んで富士山丸に乗り移った。指令官矢田堀も蟠龍丸に乗って江戸に戻った。

江戸に帰って恭順謹慎した慶喜に対して、小栗忠順ら主戦派は箱根で政府軍を迎え撃つことを勧め、榎本らは海軍で大坂を突くことを主張した。しかし慶喜は大名には謹慎を命じ、自らはひたすら恭順の意を示した。

幕府海軍の最高責任者になっていた榎本は、新鋭艦「開陽」を手中に収めていたので、こと海戦に関しては薩長軍には絶対に負けないという自負があった。

一八六八（明治元）年五月、江戸開城と慶喜の水戸隠退が執行され、反恭順派の幕臣にとってみればもはや江戸を脱出するしか方法がなかった。このとき榎本は、軍艦八隻を率いて品川を脱出し房総半島の館山まで退去した。

それを知った陸軍総裁勝海舟が榎本を説得すべく後を追って来た。二人の話合いの末、すべての軍艦はいったん品川に戻ったが、「富士山」「翔鶴」「朝陽」「観光」の四隻を新政府軍に渡し、「開陽」「回天」「蟠竜」「千代田形」の四隻はそのまま手元に残すことが許された。なお、幕府海軍にはこの他に「長鯨《ちょうげい》」「美《み》加《か》保《ほ》」「咸臨」（このとき咸臨丸は機関をはずされた帆船）「神速《じんそく》」の輸送船が残っていた。

甲鉄　米国製で当時最強にして最大の防御力を誇った。表面が装甲板で覆われている。のち日本海軍の三艦のひとつ（『幕末の蒸気船物語』から）

七月、江戸の治安のために働いていた彰義隊が新政府に楯を突いて上野に立て籠もったが、新政府軍はわずか一日の攻撃で彼等を壊滅させた。敗残兵たちは旗本や御家人たちと共に、会津や奥州の国々に散り散りになって逃れた。

その直後、オランダから赤松が帰国して、品川沖に停泊中の開陽丸に榎本を訪ねた。彼は榎本と行動を共にする覚悟でいたが、榎本から「これからの日本は必ず君が学んだ新しい造船学を必要とする。将来の海軍のためにも君は残ってくれ」と説得された。

またその頃、小野友五郎がアメリカから買い入れたストンウォール・ジャクソン号*（甲鉄艦）が到着したが、日本は幕府軍と新政府軍に分裂していたため、中立の立場を通した。榎本は甲鉄艦を手に入れようと、あらかじめ三浦半島に偵察を出していたが、報告が品川に届く前に艦が横浜に入港したため、獲得に失敗した。これが榎本海軍の最初のつまずきである。

*ストンウォール・ジャクソン号には、回航費を含めた五十万両の残金が残っていた。新政府軍にそんな大金などあるはずがない。大隈重信が頭を低くしてイギリス公使パークスに借金を頼み込んだところ、二つ返事で承知してくれた。イギリスにしてみれば幕府と結びついたフランスの勢力を駆逐するのに五十万両は安いと踏んだからである。

その頃、フランスから招聘された陸軍教師の一部が幕府軍に参加を表明したので、彼等を乗せたのち開陽丸は品川を出港、函館目指して政府軍から離脱を図った。

彼らは端《はな》から天運に見離されていた。

観音崎までできたとき、はやくも大風のために「回天」に曳航されていた「咸臨」が綱が切れて伊豆の下田まで流された。それを救うために「蟠龍」が追いかけたがボイラーが水漏れ事故を起こして清水港に入港、そこに下田から「咸臨」も入港し、それぞれ修繕を施した。「蟠龍」は修理したのち出航できたが、「咸臨」は動けないでいたところを政府軍の軍艦三隻に攻撃され、無抵抗の多くの乗組員が殺傷された。このとき「千代田形」の船体を担当した春山弁蔵（一期生）が殺害され、他の死骸と共に海に放置された。それを目にした清水次郎長こと山本長五郎は死んだ者に賊軍も官軍もないと言って、遺骸を引き揚げ丁重に葬っている。

艦隊が房総半島をめぐったころから暴風雨が激しくなり、鹿島灘で次々に離散した。「開陽」は舵を失い、曳航されていた「美加保」は座礁、乗組員は上陸し一部は捕らわれ、残りの兵は仙台目指して陸を逃亡した。

ばらばらになった艦隊がようやく集結できた仙台には、奥州や越後で政府軍に敗れた兵たちが集結しており、ここで約二百名の兵団が榎本の艦隊に加わった。仙台藩自身はすでに戦の劣勢を見越して政府軍との和平に傾いていた。

彼等が蝦夷地に到着したのは十一月半ばで、雪をともなった大時化《おおしけ》の日であった。五稜郭《ごりょうかく》にあった函館府知事はすでに戦に勝ち目がないことを読んで、六百名の兵士を青森まで撤退させていたので、榎本軍は難なく函館を占領し五稜郭に入ることができた。

その後渡島半島の松前城を落とし、残るは蝦夷三港の一つとされる江差の攻略が残っていた。この時「開陽」が参戦することになり、海上から江差目掛けて艦砲射撃を行った。しかし上陸してみると松前軍はすでに撤退していた。その後、「開陽」は北海の強風と激浪に翻弄され、あえなく座礁、そのまま船命を終えた。あまりにあっけない幕切れだった。

当時世界最大級の木造軍艦の沈没は、長崎での海軍伝習所が時間的に不十分だったことを立証している。オランダ人教師団はそれを危惧しながら長崎を去ったのは事実である。またそれは一方で、如何に優秀な航海術を身につけていたとしても、水路と気象の情報を欠いては、何にもならないことを示唆する事故でもあった。

蝦夷地を統治するための行政機関は投票により決められ、総裁榎本武揚、副総裁松平太郎、海

回天　元は1855年ドイツ軍艦「ダンチッヒ」でイギリスで作製された老朽艦ながら、日本で大活躍を見せた（『幕末の蒸気船物語』から）

軍奉行荒井郁之助《あらいいくのすけ》、陸軍奉行大鳥圭介《おおとりけいすけ》などがそれぞれ選ばれた。これがのち「蝦夷共和国」と呼ばれる組織である。彼等の目的とするところは明治政府から蝦夷を自治区として認定してもらうことにあったが、政府側は当然ながらそれを不敬として却下した。

この時点で榎本軍に残っている艦船は「回天」、「蟠龍」、「千代田形」、「高雄」、「長鯨」、「長崎」、「大江」、「高尾」の八隻であるが、軍艦として役に立つのは最初の三艦のみ。

明治二年四月、政府陸海軍が函館を目指しているという情報が入った。

先に幕府がアメリカに注文していた甲鉄艦はすでに政府海軍の手に入っていた。そこで、それが宮古湾に入ったところを奪還しようという大胆な作戦が立てられた。

こうして「回天」、「高雄」、「蟠竜」の三艦は函館を出航したが、またもや低気圧の通過により、三艦とも離ればなれになった。予定された集合地の山田湾に無事たどり着いたのは「回天」と「高雄」の二艦で、しかも「高雄」は機関が故障し航速力が落ちていた。

結局、「回天」だけが宮古湾口に入り、乗り組んでいた土方歳三を隊長とした陸兵が、甲鉄艦目がけて急襲をこころみたが失敗した。このとき回天の艦長甲賀源吾（三期生）が三十一歳の若さで戦死している。

その後の「高雄」は漂流中のところを政府軍艦に発見され、乗組員は捕虜となった。

五月、青森に政府軍の陸海軍がぞくぞくと終結しはじめた。海軍は甲鉄艦をはじめとして八隻を数える。幾度か両海軍による戦闘が繰り返されたが、初めは互角だった海戦が次第に幕府海軍に不利になり、戦場は函館湾へと移っていった。

六月、「千代田形」が夜の闇に迷い暗礁に乗り上げた。艦長の森本は周章狼狽して艦を放棄した。それは夜中の上げ潮で自然と離礁して漂っていたところを、翌朝政府軍に拿捕された。残るは「回天」と「蟠竜」だけである。

七月三日、八隻の政府軍艦が函館湾に入り込んで交戦となった。「回天」は被弾八十発に及び運転不能となったが、船体を浅瀬に乗り上げることで浮砲台として応戦した。結局その日は政府軍艦は引き揚げる他なかった。

決戦は翌日に延期された。早朝函館山に潜んでいた政府軍が背後から函館に突入した。その勢いを得て突入してきた政府軍艦を、「回天」と「蟠龍」が応戦、「蟠竜」の砲弾が「朝陽」の火薬室に命中し轟沈させた。しかし多勢に無勢で如何ともしがたく、「回天」は自ら火を放ち、最後まで動き回った「蟠龍」も弾が尽き機関に故障を生じて浅瀬に乗り上げたところで全員が上陸、弁天砲台に入った。夜に入って両艦は焼失した。

函館戦争の最後の段階で政府軍は五稜郭の榎本に降伏を勧めた。それを断った榎本は、帰って行く使者の手にオランダで購入した『海律全書』を贈った。それは海の国際法を説いたもので、これからの日本に必要な洋書で焼失するには忍びなかったからである。

榎本自身はこれで思い残すところはなかったが、将兵たちの疲労困憊した姿と士気が上がらないのを目のあたりにして、密かに政府軍に降伏の意志を伝えたのち、自らの腹に刃を当てた。しかし周囲に悟られ自刃することはできなかった。

その後榎本は、函館戦争の首謀者として三年間入牢した。

一八七〇（明治五）年、彼は許されて開拓使四等を命じられ、北海道の農業・鉱業・漁業の振興などに力を入れた。

一八七四（明治七）年、海軍中将兼特命全権公使としてロシアに五年間赴任した。その間困難な国境問題と取り組み、樺太をロシアの領土とするかわりに千島列島を日本の領土とする「樺太千島交換条約」に調印する。

榎本は露都ペテルブルグを引き揚げる際、わざわざ陸路を選びシベリアを経由して帰国している。それは大国ロシアを実地踏査しておこうという思いからとった大胆極まる行動だった。

その後も、海軍卿、駐清特命全権公使、逓信・文部・外務・農商務の各大臣、枢密顧問官などを歴任した。

元幕府軍から転向して、このように新政府の下で出世を遂げたことに対して今日でも毀誉褒貶が定まらないが、これだけの仕事をこなす実力者は他にいなかったということに尽きる。

『榎本武揚』の著者加茂儀一は、「明治政府に仕官したのちは、函館戦争に加わった人たちのその後の身の上をつねに案じ、絶えず機会を求めてそれらの人々と連絡をとり、落ちぶれて訪ねてくる者があれば出来るだけの世話をした」とある。

晩年の彼は向島にあった将軍家の御成屋敷を訪れては冷酒をたしなみ、漢詩を詠むという風流人として過ごした。

園内の句碑、「朧夜や誰を主《あるじ》の隅田川」を見て、「うまかァねェなァ……」と評した挙げ句、自ら「隅田川誰を主と言問はば鍋焼きうどんおでん燗酒」と詠んだ。そこには間違いなく江戸っ子の血を引いた洒脱な榎本がいる。

■幕府オランダ留学生たち

長崎海軍伝習所に学んだ他の四名のオランダ留学生について簡単に記したい。

内田恒次郎――

彼は幕府学問所の試験に優秀な成績で及第し、秀才の名をほしいままにしている。海軍伝習所を三期生で終えると江戸に戻り、軍艦操練所方手伝を勤めた。

彼は身分が高かったので（旗本千五百石）オランダ留学生の団長格を勤めたが、気位が高く傲慢なところがあり、仲間からは疎まれていたらしい。

維新の際、榎本と沢は共に函館に脱走したが、内田は学者肌だったので軍籍には属さず、蕃書調所の後身「開成所」の教授方として仕官した。そのまま新政府に仕え、明治元年開成学校権判事となり、翌年、大学少丞、さらにその後大学中博士に登り、文教方面で大きな影響を与えた。画才にも恵まれ日本画もよく描いた。オランダへの航海中も行く先々の景色や風俗をスケッチし、欧州各地の写真や風景画を収集したばかりか、油絵も熱心に学んだとされる。

彼の名前を高めたのは『輿地誌略《よちしりやく》』という世界地理を説いた本で、明治三年に出版された何度も版を重ねた。その中に挿入された図版の多くは、彼がオランダ滞在中に収集したものである。

沢太郎左衛門――

彼の父は伊豆代官江川太郎左衛門英龍について西洋砲術を学んでいる。海軍伝習には二期生として参加。江戸に戻ると軍艦操練所教授方手伝出役を命じられ、主として砲術を教授した。

オランダ留学中は火薬製造法を熱心に学んだ。

開陽丸で帰国後、軍艦役を経て、やがて開陽丸の副艦長となった。徳川慶喜が大坂城を抜け出て江戸に逃れる際、艦長の榎本が留守だったので嫌々ながら沢が移送の任に当たった。

その後榎本に従って函館戦争に参加したが、投降したのちは収監された。獄中で榎本と話すときにはオランダ語を使った。それを耳にした獄吏からは意味が分からないので「変な歌を歌うんじゃない」と制止された。

明治五年赦されて開拓使御用を命じられたが、留学中に学んだ火薬の知識が新政府から評価されて、海軍の「板橋火薬製造所」で指導に当たる。こうして彼がヨーロッパで学んだ硝石の精製・硫黄の蒸留・製炭・配合・粉末化・混和・圧搾・造粒・乾燥法などすべてが役に立った。

明治十八年、海軍一等教官になった。爵位の話もあったようであるが固辞したとされている。沢は生涯自分が「賊軍」であったことを忘れず、長男によれば沢家は世間並みの正月を祝ったことがなかったという。また沢は留学で身についた洋食の味が忘れられず、ときどき築地のレストランからパンとミルクを取り寄せた。彼は「ミルク」のことを「メルク」とオランダ語で発音していたと、これも長男の話である。

田口俊平――

田口は幕府オランダ留学生の中では最年長の四十五歳で、砲術・蒸汽機関・銃砲・火薬製造・測量術などを伝習所の二期生として学んだ。年をとっていたせいか、オランダ語は苦手であまり外出しなかったようである。また向こうでは洋服・帽子は着用したが頭はチョンマゲで通した。開陽丸で帰朝するとフランス式操練所教授に任じられた。しかし体調をこわし寝たきりとなり、慶応三年、麻布の自宅で五十歳の生涯を終えた。

赤松大三郎――

赤松の父は、長崎奉行組与力として三年間長崎にいたことがあり、ペリー艦隊が下田に入ったとき、軽輩ながらペリー一行と折衝に参加した。その経験からこれからは英語が必須であるのを痛感した。

そんな父を持った大三郎は英語を学びたかったが、英語教師はおらず江戸の蘭学者坪井信良にオランダ語を習った。その後、蕃書調所に仕官し「句読《くとう》教授出役」となる。

その蕃書調所から選抜され、海軍伝習所の三期生になったのは彼が十六歳のときであった。航海実習では「咸臨」と「朝陽」の二艦に乗って航海術と造船を学んだ。伝習が廃止された後も、彼はオランダ人教師を宿所本連寺に招き、残りの航海術の授業を教えてもらった。

江戸で軍艦操練所教授方手伝出役をしていたとき、辞令が下りて咸臨丸で渡米することになった。

咸臨丸は海軍伝習所ですでに馴染みの艦であり、彼は格別な親しみを憶えたに違いない。艦が無事にサンフランシスコに入港した際、祝砲に応える二十一発の礼砲は、彼が砂時計で十秒間隔を計りながら発射した。

帰国すると軍艦組出役として、幕府軍艦「千代田形」の設計に参画した。また、オランダに開陽丸を発注したので、それが完成するまでオランダ留学を命じられた。すでに触れたように、開陽丸が出来上がった後もオランダに残留し、鉄船の造船術を学んだ。

留学を終えて日本に戻った赤松は、榎本と行動を共にする積もりだったが、榎本から説得され、江戸脱出をあきらめた。幕府瓦解ののちは徳川家に従って遠州（静岡）に下り、徳川家がつくった沼津兵学校の兵学校頭取になった。

明治三年、新政府から出仕命令があったが断り続けた。しかし、勝海舟の勧告もあり最後は民部省に出仕を決めた。

その後は順調に出世して明治九年、三十六歳で横須賀造船所長となり、続いて海軍の主な要職

サンフランシスコにおける勝麟太郎（左）、赤松大三郎（中央）、小野友五郎（右）（『軍艦奉行木村摂津守』から）

を次々と歴任しながら明治十九年には海軍中将に任じられた。「薩長にあらざれば人にあらず」とまでいわれた当時の軍部においては異例の昇進だった。

その間、彼の一貫した関心事は造船、並びに造船技術の研究にあり、「日本造船界の先達」とされる由縁である。

明治二十五年、五十一歳で海軍ならびに公職を辞して静岡に隠棲した。

明治二十年男爵を授けられ、明治三十年には五十七歳で貴族院議員になり喜寿まで務め上げた。

なお榎本の妻も赤松の妻も、幕府の奥医師林洞海の娘で、赤松の妻は榎本の妻の妹になる。

田辺太一《たなべたいち》　幕末から明治にかけての外交官

太一は「やすかず」と読むが、ほとんどの人名事典では「たいち」で通っている。

彼の父は儒学で名をなし、甲府の徽《き》典館《てんかん》の学長となり著書も多かった。兄の孫次郎は高島秋帆について西洋砲術を学び、幕府講武所に在勤中四十二歳で亡くなっている。

太一は小さい頃から神童の聞こえ高く、十八歳で学問所昌平黌でも秀才と謳われた。最初は父のように儒学で名を挙げようと、甲府徽典館の教授となった。

しかし二十二歳のときペリー提督率いる黒船艦隊が浦賀に現れ、それを契機に国論は開国と攘

田辺太一。1864年、パリにて撮影（『幕末』から）

夷に二分し、やがて田辺自身もその波に呑み込まれて政局の渦中の人となっていった。

一八五六年米国総領事ハリスが下田に上陸してから二年後、日米修好通商条約が締結され、オランダ・ロシア・イギリス・フランスも後に続いた。その間、田辺は学問所教授方出役として長崎に行き、海軍伝習所三期生として砲術を学んだ。

その後、外国方の仕事を命じられ書物方出役として、横浜開港に関する議案の浄書や対話の筆録などの仕事に当たった。

この時、外国奉行水野忠徳の知遇を得た。

水野は阿部正弘に抜擢されて以来、浦賀奉行、長崎奉行、勘定奉行などを歴任し、長崎海軍伝習所の創設や横浜開港場設備問題、金貨の流出問題など幕府が直面したさまざまな難題の処理に実力を発揮してきた人物である。

しかし一八五九年、横浜で起きたロシア人刺殺事件に関して外国陣公使から責任を問われ奉行の座を追われてしまう。

桜田門外で井伊大老が殺害された後、外国奉行に返り咲いた水野は一八六一年、遣欧使節副使に選ばれた。この時田辺は水野に随行を願い出たが、英国公使オールコックから横槍が入り、水野が使節から外されたので田辺の渡欧も水泡に帰した。

その代わりに一八六一年水野が小笠原開拓使に任命されると、田辺も外国奉行支配調役並として小笠原諸島に出かけた。

小笠原諸島は江戸時代初期の一六七五（延宝三）年、朱印船船頭の生き残りで六十九歳のピロート（航海士）嶋谷市左衛門によって探検調査されていたが、その後幕府が放置したため、外国人居住者がハワイから移住していた。それを奪還するのが目的であった。

使用した船は前年太平洋を往復した咸臨丸で、艦長は小野友五郎（一期生）である。また船の運用に携わったメンバーは、いずれも海軍伝習所か、築地軍艦操練所で学んだ人々で占められていた。水主たちも当時最高の水夫と称された瀬戸内海の塩飽《しわく》島の出身であった。

咸臨丸は八丈島に立ち寄って島への移住者を乗せる予定だったが、大時化《おおしけ》のため島を見失いそのまま小笠原諸島を目指した。

一八六二年父島に上陸し、外国人島民たちにこれからは日本の統治と開拓がはじまることを承知させた。その後、父島・母島の住民調査や小笠原諸島を測量し地図もつくった。小笠原諸島の由来を刻んだ「小笠原新《にい》はり乃記」という石碑も建てた。

ところが、島への資材と食糧を届けるはずであった後続船が一向に姿を見せず食糧が払底し、咸臨丸は予定を変更して下田に引き返した。島の奪還には成功したが植民までは到らなかった。

翌一八六三年、攘夷派の運動が頂点に達し、朝廷側から幕府に対して、横浜港を閉鎖せよという要求が突きつけられた。それに押されるかたちで慶喜は攘夷決行を全国の大名たちに約束した。それを知った外国勢は、いったん開港したものを閉鎖するなら武力に訴えると抵抗をみせはじめた。

慶喜が約束した攘夷を愚直にも実行したのは長州藩である。下関を通過する外国船に向かっていきなり砲台が火を吹いた。

幕府は砲撃されたフランス、アメリカ、オランダに謝罪する一方、朝廷にも気を使って横浜を鎖港するために外国奉行池田長発《いけだながおき》をヨーロッパに遣わすことを決めた。その際田辺は、外国奉行支配組頭として使節団に随行するよう命じられた。

しかし田辺自身は攘夷派からつけ狙われるほどの開港派である。そんな自分が横浜鎖港を認めさせる使節に同行することに矛盾を感じ、悩んだ末に上司水野に相談した。

水野はすでに隠居していたが、答えは明快だった。「これは絶好の機会である。将来の国策に備えるためにも、ぜひ自分の目で外国を確かめて来るべきである」と、彼の背中を押してくれた。

この池田使節は交渉に失敗すれば幕府の使命に反し、交渉を結べば外国勢から攻撃されるという微妙な立場に置かれているのは承知していた。幕府の狙いは単なる時間稼ぎにあった。一行を外国と交渉させ時間を稼ぐ間に何とかなるだろうという無節操さである。

彼等が訪れようとした国々は、フランス、スイス、オランダ、プロシャ、イギリス、ポルトガル、そしてアメリカまでもが含まれていた。つまり地球を一周するのである。こうやって二年間ほどの時間稼ぎが予想されていた。

一八六四年、横浜から上海、シンガポールからインド洋を抜け、紅海に入りスエズに上陸、鉄道でカイロに行き（このとき一行はスフィンクスの前で記念写真を残している）、アレクサンドリアから地中海を渡ってマルセイユに到着し、再び鉄道で北上してパリに到着した。

フランスでシェルブールの造船所、カーンにある要塞、ルーアンの綿織物工場を見せられただけで、一行は自国とヨーロッパ文明との余りにも大きな落差に愕然とした。池田長発は鎖港の非を悟り、一刻もはやく帰国し腹を切ってでも幕府に攘夷を捨てさせることを決意した。すなわち幕府の命令とはあべこべに、フランスと貿易を盛んにするという外交文書を交わして急ぎ帰国したのである。この時文書づくりに荷担したのが田辺で、その結果幕府から処罰され、帰国後ただちに免職・閉門を言い渡された。

田辺の閉門は百日で終わったが、規則によりその後も官につくことは許されず、結局、日蔭に甘んじる他なかった。

一八六七年パリで万国博覧会が開かれた。それを機に幕府は外国に自らの威厳を示すため、慶喜の弟、徳川昭武《あきたけ》（十四歳）を博覧会に参列させるためにパリに向かわせた。その際、田辺に声がかかり、組頭に復活し、公使館書記官としてフランスに同行した。

当時全盛期だったナポレオン三世は、幕府に接近しようとしてシーボルトを招いていた。他方、薩英戦争で攘夷を捨てた薩摩は、グラバーを通してイギリスと結びつこうとしていた。

このとき、薩摩の五代才助と面識のあったモンブラン伯爵が幕府使節に近づこうとしたが、人品を怪しまれ接近に失敗した。

モンブランはその腹いせに薩摩側に付いて、新聞を利用してまるで薩摩と琉球が幕府から独立しているかのように当地の喧伝した。その結果、博覧会会場では、薩摩藩も佐賀藩も幕府とは別な場所を確保して産物を展示することになった。

田辺はこれに異議を称え、何度もモンブランと論争を重ねた挙げ句、幕府の体面が保たれるところまで漕ぎ着けたが、幕府はそんな田辺に帰国命令を出した。幕臣としての田辺の働きはこれが最後になった。

幕府が瓦解した後、三十七歳の田辺は横浜で貿易を試みてみたが、武家の商法でうまくいかなかった。そのうち駿河に徳川家が移封され、沼津に兵学校がつくられると聞くと、そこの教授として職を得ることができた。

一八七〇（明治三）年、外交方面で人材不足だった新政府は、田辺に使者を外務省に迎え入れた。他にも旧幕府の外交方にあった福地源一郎、塩田三郎《しおたさぶろう》*など多くの旧幕臣も外交官僚に返り咲いた。


*一八四三年幕府医官を父に江戸に生まれる。一八五六年父に従い函館に行き、オランダ通詞名村五八郎について英語を学ぶ。同じくフランス人宣教師からフランス語を学ぶ。一八六四年の池田遣欧使節にフランス語通訳として参加する。維新後は横浜で英仏語を教えていたか、明治三年外交官に復し、以後は明治前期の外交官として活躍した。


翌一八七一（明治四）年、参議副島種臣《そえじまたねおみ》が樺太境界談判のためにロシアのポシェット湾へ派遣されたとき田辺は随行した。

それが終わると、今度は岩倉外欧使節団に一等書記官として海外渡航に参加した。田辺はその時には書記官長を務めた。

一行のひとり安藤太郎は「当時、福地源一郎は才気煥発にして縦談横議、同僚たちはもとより伊藤博文副使なども眼中になく、伊藤から書き物を命じられても、昂然として筆を執り、さも得意気に書き終えると副使には持っていかず田辺の元へ持って行き、許可を貰うのが常だった」という談話をのこしている。福地が如何に田辺を仰いでいたかが良くわかる。

こうして一行はヨーロッパやアメリカを巡り二年後に帰国した。

一八六四（明治七）年、田辺は外務省四等出仕となり、台湾で琉球民族が殺害された事件の解決するために、大久保利通に随行して清国に行き、解決に尽力した。

一八七五（明治八）年、政府が小笠原諸島国有化のために、「明治丸」を父島に向かわせた。上陸した田辺は島民たちに前回果たせなかった統治を再開する旨を島民たちに告げた。

二日遅れてイギリス領事を乗せた軍艦が現地調査のために二見港を訪れたので、田辺は領事と会談を持ち、南方諸島を含めた全島の日本政府による統治を認めさせた。

翌明治九年、政府は各国領事に通告を出し、ここに日本の小笠原領有権が確定した。田辺はこの年四十五歳である。彼の上司だった水野忠徳はすでに亡く、彼に代わって任務を遂行できたことは感無量であったに違いない。

田辺はその後外務大書記官となって清国公使として日清両国の国交親善に尽くした。

一八八三（明治十六）年、元老院議官となり、一八九〇（明治二十三）年には貴族院勅選議員に選ばれた。一八九八（明治三十一）年、『幕末外交談』を刊行。それは今日でも幕末を調べる上で貴重な史料とされている。

田辺は旧幕臣としては出世した方で、全盛時代には花柳界でももてはやされたというが、家が火災に遭ったり、人に騙されたりして晩年は不遇だったという。

田辺の長女竜子《たつ》は三宅雪嶺《みやけせつれい》に嫁ぎ、三宅花圃《かほ》として明治女流作家の草分け的存在となった。樋口一葉の原稿の世話をしたのも彼女である。

さらに若き日の島崎藤村は田辺から、漢詩や中国の近代文学を学んでいる。

また、若干二十三歳の若さで琵琶湖疏水計画に着手し、一八九〇(明治二十三)年に完成させた田辺朔郎《さくお》は田辺の甥に当たる。

一九一五(大正四)年、田辺は八十五歳の高齢で逝去した。

■幕末三傑のひとり水野忠徳

この本の中でもしばしば登場した特異な閣僚だった水野筑後守忠徳について記しておきたい。

水野は諏訪庄右衛門の次男で一八一五年、江戸愛宕下に生まれた。

八歳のとき、三河以来の三百石取りの旗本、水野家の養子となったが、養父が放蕩人でその借財を返済するために人には言えない苦労を舐めたとされる。しかし持ち前の図太さと勤勉さで逆境を乗り越えて、二十一歳で晴れて出仕。二十四歳にして幕府学問所・昌平黌に及第した。

彼は出自の良さではなく、野心を抱きつつ実力と努力を重ねることで出世したタイプである。

二十九歳のとき「学問に人一倍出精(勉強)した」という理由で目付になることができた。

しかし余りに強情なところがあり、周囲から疎まれ左遷された先が、今でいう「陸軍」や「警察」の現場の仕事だった。「先手鉄砲頭」とか「火つけ盗賊改」という役目がそれである。

しかし、かえってその剛胆な性格が向いていたのか、現場での働きが認められて、三十八歳のとき阿部正弘から浦賀奉行を命じられ、翌一八五三年にはペリー艦隊が来航した年には長崎奉行になることができた。大変な出世である。

阿部正弘はペリーの国書を受け取った一週間後、オランダに軍艦を発注するための交渉役として水野に長崎行きを命じた。彼が到着した長崎港には、ロシア使節プチャーチン提督が軍艦パルラダ号で停泊していた。江戸から応接掛として筒井政憲と川路聖謨が出張して来るまでの間を水野が対応した。

水野は長崎奉行大沢豊後守と共に、オランダ商館長ドンケル＝クルチウスと交渉し、スンビン号（観光丸）の幕府への献上、咸臨丸と朝陽丸の購入に関わり、さらに海軍伝習所の設立について検討をはじめた。

またこのとき水野は翌年再来すると言ったペリーの目的をクルチウスに問うている。商館長は次のように答えた。幕府がアメリカの国書を受け取った以上は「通信」を認めたことになるので、次に彼等が要求するのは「開国」と「貿易」であろうと。

この情報により阿部は海防掛の充実を図るべく、のち通商条約締結を実行することになる岩瀬忠震や、海軍伝習所の監督になる永井尚志を採用した。

一八五四年、日米和親条約が締結されたことを知り、中国からイギリス艦隊四隻を率いて司令官スターリンクが長崎にやって来た。水野はそのスターリンクとも会談を持ち、七ケ条の日英修好条約を結んだ。

一八五六年、勘定奉行になって江戸にいた水野は、岩瀬と一緒に「貿易筋の取調べ」という名目で再度長崎に下った。二人はいずれ日本が開国し自由貿易が行われることを踏まえ、オランダとの間に貿易条約（日蘭追加条約）を結んだ。それはいずれアメリカ公使ハリスとの間で結ばなければならない日米修好通商条約の予習に当たるようなものであった。

その際、二人は日蘭貿易では一分銀が一ドルに等しい性質であることを長崎の地役人から教えられた。一分銀が四枚で一両なので、これは「一両は四ドル」ということになる。

一八五八年、井伊大老の下で日米修好通商条約が調印されると、水野忠徳、永井尚志、井上清直、堀利熙《としひろ》、岩瀬忠震の五人が日本で最初の外国奉行（外交官僚）を命じられた。彼らはすべて開国前に阿部によって海防掛を命じられた者ばかりであった。井伊大老は彼らを好んで買ったわけではなく、自分の周囲に外交に明るい者がいなかったから残留させただけである。

水野は岩瀬と共に日米通商条約締結に力を尽くし、その批准書を交換するために公使として渡米する予定だったが（一八六〇年の遣米使節）、横浜で起きたロシア人暗殺事件の責任をとらされ実現しなかった。

しかし同年将軍家定が亡くなり、将軍跡継問題が起きると、この五人はいずれも跡継ぎに一橋慶喜を担いでいたので井伊から疎まれ次々と現場から外されていった。そんな中で水野だけは横浜に外国奉行として残った。

ところで日米通商条約の中には、「開港後一年間は金銀貨は同種同量交換で行う」と書かれている。金の含有量で言えば日本の五両（金貨）が二十ドルに匹敵した。つまり一両は四ドルに等しい。

ところが日本国内では金と銀の価値が一対五なのに対して、国際金銀比価は一対十六であった。海外での方が銀の価値がはるかに低い。するとどういうことが起こるか。

日本から金を持ち出して上海で銀に交換すれば、日本で交換するより多くの銀が手に入る。その銀を日本に運ぶと外国よりも多くの金と交換できる。つまり横浜と上海を行き来するだけで金額が増えるである。こうして全国から横浜に小判が集まり、外国商人の手によって金が国外に流出していった。

ここに一八五九年（長崎・下田・函館の開港の年）に実際にそうやって大儲けしたイギリス人H・ホームズの告白がある。

「私が見つけた鉱脈というのは、日本の金貨（小判）を買い、それを中国で売って一〇〇〜一二〇パーセントの利益をあげることである。この価格の差を説明し得る唯一の方法は日本の金貨が純金であるということである。これは買い手よりも売り手（日本人）にとってリスクが大きい取引だった。というのはもし捕まれば首を差しださなければならなかったからである。私はこの取引をうまくやり、相当の利益をあげた。

日本で金貨を買うことができるのは、日本の銀貨（一分銀）で支払う時だけである。私はメキシコ銀（ドル）を持っていたが、メキシコ銀での支払いには応じなかった。そこで幕府にメキシコ銀と一分銀の交換を申請し、この目的を達成しようとした。じつは船の修理代に必要だという理由で多額のメキシコ銀と一分銀とを交換し、それで金貨を購入することができた。これは日本の法律に反していたと思っている。しかし、それを破っているのは日本人自身なのである。あれは不法な取引だったのによく罰せられなかったものである」

この通貨問題に正面から取り組んだのが水野で、横浜貿易に待ったをかけ、銀の含有率の低い通貨（ドロ銀と呼ばれ小野友五郎も参画した）をつくることで長崎貿易の通り一両が四ドルに匹敵するように解決しようと図った。しかしそんな水野は外国商人や領事からすれば、余計なことをしてくれる日本人としか目に映らない。

その横浜で二人のロシア人が斬殺される事件が起きた。英国公使オールコックはこの際とばかりに水野の責任を追及し、ついに外国奉行を罷免させた。こうして彼は軍艦奉行に転じられ、さらに二ヶ月後、西の丸留守居つまり窓際族へと転落した。

そんな水野であったが井伊大老の幕閣たちは外交に疎く素人ばかりだったので、外国人との重要な会議の際にはそのつど水野が呼び出され、屏風《びょうぶ》の陰から助言をあたえている。そこから「屏風水野」という異名をもらった。

一八六〇年、井伊大老が桜田門外で殺害されると、そのあとを安藤信正と久世広周《ひろちか》の二人の老中が引き継いだ。比較的外国通だった安藤は水野を外国奉行に復活させ、一八六一年の竹内遣欧使節の副使として起用しようとしたが、今回もオールコックから横槍が入り実現できなかった。

その頃小笠原の父島に外国人が住みついたという情報が入り、幕府は水野に小笠原島諸島の調査を命じた。

一八六一年、久しぶりに第一線に返り咲いた水野は、嬉々として先頭に立ち父島と母島の調査に赴いた。それは同行した人々を辟易させるほどの張り切り様であった。

小笠原諸島から戻ると、生麦事件の賠償金問題を解決した小笠原図書守長行と示し合わせて、京都の攘夷派を一掃すべく二千有余の兵を送り込んだが、あと一歩のところで頓挫した。

それでも彼は幕府の中で隠然たる存在を持ち続け、一八六八年、大坂から逃げ帰ってきた徳川慶喜から呼び出された。態勢が小栗忠順の主戦論に傾いた時、軍費の不足の問題を持ち出し、主戦論を黙らせ武備優先論を張った。しかし慶喜が恭順を口にしたので、自ら匙《さじ》を投げるかたちで身を引き、半年ほどのち自宅で急逝した。五十四歳だった。

彼の部下であった福地源一郎は明治になって回想し、岩瀬忠震・小栗忠順・水野忠徳を「幕末の三傑」とし、田辺太一もそれを『幕末外交談』の中でうべなっている。

第七章　長崎製鉄所の生みの親

ヘンデレキ＝ハルデス　孤独な巨人

一八五五年、オランダ海軍中佐ファビウスはバタビアからスンビン号（観光丸）を幕府に寄贈すべく二度目の来日を果たした。

海軍伝習所総取締の永井尚志は、そのファビウスから日本が海軍を創設するにあたっては、艦船の造修施設が必要であることを説かれ、幕府に上申していたが一向に沙汰がなかった。

その年、江戸一帯を襲った「安政の地震」は、ただでさえ財政が逼迫した中で予想外の出費を招いた。そんなときに巨額の予算を要する施設を長崎につくるという要求は無理難題に他ならなかった。

ヘンデレキ＝ハルデス（『出島の医学』から）

問題は他にもあった。長崎の地理的条件である。当時の幕府の中でも俊才とされた岩瀬忠震でさえが、長崎には鉄がないことと土地が狭いことを理由に、同じつくるなら江戸近郊か、さもなくば函館の方が良いと考えていた。

そのうちファビウスの帰国の日が迫ってきた。この機会を失ったらこの事業は延期されるか、廃止されるのは明らかである。

永井は江戸からの正式な回答も長崎奉行との話合いも持たないままに、独断でファビウスに機械をオランダから購入することを申し込んだ。いわゆる「職権専断《せんだん》」という最後の切り札を使ったのである。

ファビウスは帰国するとそれを政府に伝え、議会もそれを承認可決した。こうして工作機械はオランダのネーデルランゼ＝ストームボート＝マーツハッペイ社で、機関類はベルギーのシラン＝コケリル社で、その他鉄材やガラスなど工場に必要なものもすべて調達された。

同時にファビウスは建設責任者の人選を開始、その結果ハルデスを見いだした。

ヘンデレキ＝ハルデスは一八一五年アムステルダム生まれ、十九歳で海軍に入り一等鍛冶工となる。二十三歳で一等機関工の資格を取得し二十九歳になるまで、オランダ東インド会社に勤務した。その後一時帰国して三十二歳で二等機関将校に任命され、三十五歳から三十八歳にかけて再び東インド会社の海外勤務を経験していた。

ハルデスが人選により選ばれたのは四十一歳のことで、彼の経験と技倆から正式に彼の派遣が決まった。

こうして一八五七年、機械や資材が三隻のオランダ船に積み込まれ、長崎に到着した。永井はすでに江戸に去り、受け取りにサインをしたのは商館長クルチウスであった。
続いて海軍伝習所の第二次教師団と一緒に、ハルデスを始めとする製鉄所建設要員一行十名がヤッパン号（咸臨丸）で来航した。

イ＝エム＝ファン＝アーケン　三十一歳　機関方
デ＝ラスコイト　四十四歳　機関方
イ＝ヘ＝アンデリースセン　三十八歳　釜師頭領
セ＝バーフィンキ　四十一歳　諸轆轤《ろくろ》細工頭領
エフ＝イ＝ヤンセン　二十六歳　鍛冶頭領
イ＝エフ＝メィスセル　三十一歳　鍛冶頭領
イ＝ウィルデブール　二十三歳　諸細工頭領
ウェ＝ビュルゲル　三十一歳　轆轤細工師頭領
イ＝ハ＝ウェイスセンブルク　三十二歳　銅器師頭領
セ＝フェルトカンプ　三十九歳　雛形師頭領
（うちアンデリースセンは、不行跡のためのち帰国させられた）

まずは工場の設置場所をどこにするかが問題だった。長崎は周囲が山なので、平地が少なく選ぶのに苦労した。最終的に対岸の飽《あく》の浦に決定、最初の杭が打ち込まれた。
ハルデスの指図の下、機材の荷下ろし・荷ほどき・運搬が始まった。次に機材を保管するための仮小屋や囲所などが建てられ、重量物を設置する場所は地盤固めが行われた。その際日本側の作業員が最盛時には三百名ほど動員されている。地固めの途中で水がわき出て、急遽鉱山用の蒸気ポンプが活躍したこともある。

ハルデスの仕事振りを目にしていたカッテンディーケは次のように言う。

「飽の浦の平地に建てられた製鉄所の工事は着々と進められた。一八五七年の暮れも押し迫った頃、蒸気機関を据え付ける土台工事と、煉瓦造りの工場建築に取りかかったが、必要な補助器具が準備されなかった。この作業は随分長くかかった。また煉瓦焼きや煉瓦積みの職人がなかなか見つからずハルデスの苦労は大変なものだった」

そしてハルデスを次のように褒め称えている。

「ヨーロッパであってみればそれぞれの職業に通じた専門の棟梁がいて、彼らに仕事をまかせれば良いが、日本ではそうは行かない。というわけで自分はこの難しい仕事を成し遂げたハルデスの功績に絶大な賛辞を捧げたい」

翌一八五八年に入ると、長崎奉行が自ら飽の浦の現場の視察を行った。ハルデスはその場に設置されてあったすべての機具について説明を尽くした。機具の中の一部はすでに運転をはじめていた。

製鉄所で使用された建築用煉瓦は長崎の瓦屋を指導し、隣の岩瀬道の竈で焼かれたもので、日本初の煉瓦《れんが》であった。

その大きさは、二二〇×一〇四×三九ミリで、「こんにゃく煉瓦」とか「ハルデス煉瓦」とも

内部に柱を持たない工場内を支えるには屋根にトラス（三角形の集合体）が用いられた（『長崎製鉄所——近代工業の創始』から）

呼ばれた。厚みがこんにゃく程で十分な厚みを得ることができなかったのは、日本の竈では高い焼成温度を得ることができなかったからである。

こうして長崎の人々から見ると対岸に徐々に、ヨーロッパ風の建築物が姿をあらわした。室内の柱の数を減らすために屋根は三角形の集合からなるトラス構造が組み入れられた。

同年、海軍伝習所の咸臨丸は演習で九州を一周したが、その際ハルデスも乗船し、鹿児島湾で薩摩藩が独力でつくった蒸気船・雲行丸を見て、ボイラーの蒸気漏れに気がつき、長崎に回航させ修理を施したところ性能が著しく向上したという。またそれまで金属を加工するのにさんざん手こずっていた日本人は、製鉄所の工作機械を用いれば、いとも簡単に加工できるのに目を見張った。

一八五八年、露艦アスコルド号が暴風により機関部を損傷し、かつ乗組員にも壊血病が見られので急遽長崎に入港して来た。そして艦長の要請により製鉄所で修理が施された。

艦の修理には十ヶ月を要し、その間乗組員五百名は稲佐にある悟真寺《ごしんじ》を借りて宿舎とした。そしてロシア人神父は四十名ほどの日本人にロシア語と数学を教えた。滞在中に亡くなった十二名

長崎製鉄所　三本の大きな煙突のあるのが鋳物場（『出島の医学』から）

の乗組員の墓は今でも悟真寺の墓地にある。

一八五九年、あらかじめ運ばれていた観光丸の交換用のボイラーが古いものと交換された。その作業には伝習生たちも参加し、彼らにとって非常に有用な実習になった。

その修理が行われている最中に、幕府（井伊大老）から伝習中止の通達が届き、伝習生たちは四月以降しだいに長崎から消えていったが、佐賀藩だけは教師陣が帰国するまで引き続き伝習を受けることができた。

その間も飽の浦の製鉄所は次第に整備され、同年七月、鍛冶場に据え付けた蒸気ハンマー（マザー・ハンマーともいう）が運転を開始した。その打ち初めは長崎奉行岡部《おかべ》駿《する》河守《がのかみ》長常《ながつね》が式典に顔を出して自らの手でおこなった。その場にいた日本人全員が大きな音をたてる蒸気ハンマーの作動に驚愕した。

長崎製鉄所内部　遣米使節一行（1860）がフィラデルフィアで見学した工場内部と良く似ている。当時の最先端を行く設備であったと思われる（『出島の医学』から）

　同年、開港前に早々と長崎を訪れたイギリス人がいた。それは上海のジャーディン＝マセソン商会と傭船契約を結んだヘンリー＝ホームズで、彼は先陣を切って日本の様子を探り商談に先鞭をつけるよう命じられていた。

「長崎港はとてもすばらしく、その入り口から市街にかけて美しい水面が広がっている。私が到着したときには小さな和船は一艘もいなかった。港の水面には何の動きもなかったが、船舶用ボイラーを製造している工場のカーンカーンという金槌の音を耳にして驚いた」とある。

　彼が驚いたのも無理はない。金属加工の音など喜望峰より東ではスラバヤを除いて何処にも耳にすることができなかったからである。そしてそれは日本の近代産業の呱呱《ここ》の声に他ならなかった。

　同年、続いて長崎製鉄所を目撃したもう一人のイギリス人がいた。外交官として中国にいたオールコックである。彼は日本に来るに当たり長崎から上陸し江戸まで陸路をたどっている。その記録が『大君の都』に残されている。

「湾の対岸（飽の浦）にオランダ士官の監督下にある日本の汽罐工場がある。日本人とオランダ人が一緒になって、あらゆる困難にもめげず、この地球上の辺鄙《へんぴ》な一隅で、蒸気機関の補修と、最終的にはその製造を目的として努力している。

（ハルデスが来て）一年もたたないうちに、大きな旋盤工場は完全に活動し、良家の子弟（伝習生を指す）を含む労働者たちが蒸気機関の全製品を製造している。

鍛冶工場にいたってはそれ以上である。そこでは蒸気ハンマーによって工作が整然と行われ、損傷を修復するためのあらゆる必需品が製造されている。これこそは日本人の進取の気性と器用さを示すこの上ない証拠で、かつて同様なことを企てた中国人を断然引き離している。

私はこの興味深い施設とそこの優れた主任技師（ハルデス）に別れを告げた。彼は非の打ち所のない英語を話し、あらゆる種類の知識を与えてくれた。また、彼の同僚の技術者たちが、この辺鄙な場所でしかも近代科学の応用について何にも知らない人々の間で、蒸気海軍の施設を設けるに当たり、たえず出会わなければならない苦労と困難とを私に十分に分からせてくれた」

最後に第二次教師団としてハルデスと同時に来日したポンペが『日本滞在見聞記』に熱をこめて次のように語っている。

「一言でいえば、ハルデスは沼地を干し上げ、地中に数千本の杭柱を打ち込んで建物を建て、すべてが動き出すようにした。それも誰の力も借りずに。のち私はたくさんの技師といっしょにこの工場を訪問したことがあるが、その人たちもこんな所にこんな設備があるのに驚いて、まさに『一人の巨人』の事業であると語り合った。今や各国の船舶はここですべての必要な修理をすますことができる。それまでヨーロッパまで帰らなければならなかった船舶は、この場所で数週間たたないうちに修理することができる。

さて工場の次には埠頭《ふとう》をつくる必要が生まれた。それは石炭を積むためにも、船体修理にも役に立つ。そのためには二、三百フィートの突堤を湾内に突きださなければならない。ハルデスは数ヶ月の間、潜水箱に身をひそめ長い時間を過ごし、水中にもぐり、重い石を沈めて突堤の基礎をつくりあげた。こうして今では工場に接して貯炭場があり、数千トンの石炭が蓄えてある。日本の石炭はイギリス炭の三分の一の価格ですむ。したがって当時東シナ海を横断している船はほとんどが日本の石炭を購入している。

一八五九年、第二次教師団がオランダに引き揚げた際も、ハルデスは日本に残り仕事を続けた。同氏は一八六一年本国に帰ったが、永遠に残る記念物を残した。それはオランダが日本の工業化に於いて如何に大きな影響を与えたかを、末代まで語り継ぐものである」

ハルデスの業績をもう一度振り返ってみよう。

一、長崎製鉄所の建設並びに指導

二、海軍伝習所で蒸気理論の指導

三、航海訓練での機関部の取扱の実地指導

四、福岡藩、佐賀藩、薩摩藩への技術指導

五、薩摩藩の雲行丸の機関部補修

六、ロシア艦アスコルド号の修理援助
七、観光丸のボイラー交換
彼の給金は高額だった。海軍伝習所の指導的立場にあったペルスライケンやカッテンディーケが一ヶ月四五〇ギルダーに対して、ハルデスのそれは六〇〇ギルダーである。幕府もハルデスを高く評価していたのがわかる。

ポンペに就いて医学を学んでいた関寛斎《せきかんさい》は日本人の目でハルデスについて次のように記録している。

「ハルデスはオランダ人の鍛冶屋である。蒸気機器の名人で、蒸気船の中で、その音を聞いただけで何処で油不足をきたしているか、あるいは異常が起きているかをたちまちに見抜くことができる。普通雇われ教師の場合、三〇〇金くらいの給金なのが、ハルデスの場合比較にならない程図抜けているので一千金を払うのである」

最初の契約では派遣期間は一八六〇年までの三年ほどであったが、工事が伸び伸びになって日本側の要請で四ヶ月ほど更新された。その後ハルデスは彼の高額な給金が邪魔をして、帰国することになったが、機関方については彼より額の低い職人たちが一八六六年まで雇われていた。

ハルデスは一八六一年夏の船で帰国した。そのとき製鉄所には、動力源としてのボイラー、総力二十九馬力の動力旋盤が十八台、蒸気槌一台、人力による旋盤二台などが備えられていた。

ハルデスが日本を去る直前に、肥田浜五郎（二期生）が蒸気機関の製造のために石川島造船所から長崎へ派遣された。彼は翌年、完成した機械とともに江戸に戻っている。これはハルデスが去る時には、長崎製鉄所は蒸気機関を製造できる能力を兼ね備えていたことを意味している。

薩英戦争の直前（一八六二）に、長崎製鉄所を見学したイギリス軍医レニーは驚きを隠していない。

「製鉄所はオランダ人の管理下にあり、機械類はアムステルダム製であった。所内の自由見学が許されたので隅々まで見てまわったが、なかなかの広さであった。そしてこの世界の果ての極東で、日本人が種々の船舶用蒸気機関の製造に関わって働いているのを目の当たりにできたのは一つの驚異であった」。

これに対して、神戸海軍伝習所を画策した海舟は翌六四年、同じ製鉄所を見て、「飽之浦製造局（長崎製鉄所）を一見し、オランダ人両名（造船師レーマンと造営師レミー）と話したところ、彼らは長崎というところはすべてが弛緩していると歎いていた。自分（海舟）が総督となってこの工場を整備されることを求められた。ここの機材はかつて私が建議し、製造せしめたものでオランダ人はそれを良く知っていた。しかしそれは今になっても完成を見ず、自分は残念に思う」（海舟日記）

と、批判がましいことを書いている。彼はじつは神戸海軍伝習所を充実させるため、長崎製鉄所を自らの傘下におさめる腹積もりだった。しかし幸か不幸かその失脚により実現しなかった。

ところで話を帰国後のハルデスに戻すと、彼は元のオランダ海軍で工場長や造船所所長となって働いた。

一八六二年、日本から竹内遣欧使節一行がオランダにやってくると、ハルデスは彼らに随行してイギリスを訪れ、長崎製鉄所への追加の機材の購入に立ち会っている。また翌六三年には、榎本武揚などの幕府オランダ留学生一行にも会っている。日本人のことが気になっていたようである。

一八六八年、海軍を除隊した後も技師として働いていたが、三年後（一八七一）、五十六歳で亡くなった。

彼はロシア艦アスコルド号の修理を援助したところから、ロシア政府から聖スタニスラフ三等勲章を授与されていたが、亡くなった翌年オランダ海軍から一等機関将校を追贈されている。

▩製鉄所から造船所へ

じつは「長崎製鉄所」という名前は当たっていない。製鉄所という以上、鉄を製しなければならない。そのためには反射炉と鉱炉が必要で長崎にはそれが無かった。

当時の人々がどこまで製鉄の知識を持っていたか不明であるが、最初オランダから届けられた製鉄所の機材の中には反射炉と高炉の模型が含まれていたという。おそらく幕府は自ら製鉄の技術を入手することを考慮に入れていたのであろう。

しかし巨額の設備費がかかることや、鉄をオランダから輸入した方が安くて便利であることから、その実現化は次第に後退して行った。佐賀藩が成功した高炉を用いた溶鉄にしても、一八五八年、佐賀藩が購入した電流丸の船底に、バラストとして運ばれてきた鉄材を用いた方が効率がアップしたことはすでに触れた[*]。

＊これは一八五六年（海軍伝習所開校の年）、ベッセマー法によって鋼鉄が大量に安く製造できるようになったためである。これにより鉄の時代は終わりを告げ、新たに鋼鉄の時代がはじまった。

したがって製鉄所の機能は実際には、鍛冶場、鋳物場、旋盤細工所等からなる鉄材を加工する「鉄工所」に近いものであった。

その設備が完全に整う前に大風のため故障をきたしたロシア艦アスコルド号が入港し（一八五八年）、ハルデスは持てる機材でその補修に成功した。その頃には未だドックがなかったので製鉄所の隣の敷地「岩瀬道」の海岸に艦を繋留し、修理が施された。

その後同じ場所にドックをつくるため岩瀬道の土地、幅五十五メートル、奥行一二七メートルが奉行所により買い上げられた。計画通りにゆけば、この岩瀬道に修船所が出現したはずであったが、製鉄所の管理や作業環境が末期的な症状を呈していたことと、幕府の軍艦建造計画のために、一八六四年、立神地区（現三菱造船所）が選ばれたためにそれは中止された。

しかしその立神軍艦打立所さえも、小栗忠順の発案による横須賀製鉄所建設のためにおろそかにされ、一八六五年、建設とり止めとなった。

一八六六年、立神の対岸小菅ではグラバーと薩摩藩による出資によるスリップ=ドック式修船所の工事が着手された。

政府は一八六九（明治二）年、小菅の修船所を十二万ドルで買い上げ、二年後、長崎製鉄所と小菅修船所とを工部省の管理下に置き、「長崎造船所」と改めた。

呼称については一八七二（明治五）年には「長崎製作所」、一八七七（明治十）年には「長崎工作分局」、一八八三（明治十六）年には「長崎造船局」、と変遷を経た挙げ句、一八八四（明治十七）年施設が岩崎弥太郎の三菱へ貸与されると再び「長崎造船所」に戻っている。

なお、いったん中止された立神軍艦打立所は一八七四（明治七）年、フランス人技師のワンサン＝フロランの指導で構築され、一八七九（明治十二）年に竣工、「立神ドック」として一九六三（昭和三十八）年まで活躍した。

永井《ながい》尚志《なおゆき》　海軍伝習所総督

永井が長崎海軍伝習所の最初の総督を勤め、なおかつ彼の独断で長崎製鉄所が創設されるに到る経過はすでに書いた。

ではその永井とはいったいどのような人物でどんな生涯を送ったのだろうか。

彼は一八一六年江戸に生まれ、父は三千石の旗本三河奥殿藩主松平乗尹《のりただ》で、先祖は徳川家康と血縁がつながるというのだから名家中の名家になる。しかし父母が早逝したので、幼くして永井能登守尚徳の養子となった。

永井玄蕃守尚志（『写された幕末』から）

一八四八年、永井三十一歳のとき、五年ごとに行われる昌平黌の大試験に合格した。その後彼は甲府徽典館（昌平黌の分校）の学頭を勤めていたが、五年後に海防掛目付に抜擢された。五年後というのは一八五三年で、ペリー来航の年に当たる。

目付という立場は、老中・若年寄・大目付に準ずるもので、行政の何事にも口出しすることができ、大名も遠慮するほどのスター的存在だった。

当時の幕府は、トップに十二代将軍家慶（一八五三年没）、続いて十三代将軍家定がおり、両将軍から絶対的信頼を勝ち得ていた阿部正弘が老中首座に居た。

その次に老中牧野忠雅《ただまさ》、堀田正睦《まさよし》、さらに奉行目付に水野忠德、井上清直《きよなお》、堀利熙、岩瀬忠震。そしてこの四人に並んで永井も名前を連ねることができた。他に筒井政憲、川路聖謨、大久保忠寛が顔を揃えており、水野から大久保までの八人はすべて阿部によって開国前は「海防掛」、そして一八五八年の通商条約が交わされた後は井伊大老から「外国奉行」を命じられた。

堀、永井、岩瀬の三人はいずれも昌平黌を出た秀才で、先ず堀（三十六歳）が海防掛目付を言い渡され、次に永井（三十八歳）が、そして半年ほど遅れて岩瀬（三十七歳）が同じ目付の地位に着いた。この三人の人事が「抜擢」といわれる訳は、三人とも徒頭《かちがしら》という名誉ある役職をわずか三ヶ月の形式を踏まえただけで目付に採用されたからである。

しかし三人が目付部屋に一緒に勤務できた期間はわずかだった。岩瀬が目付部屋に姿を現した二ヶ月後に堀が函館に去り開港に備え、永井は伝習所設立のために長崎へ去ったからである。

残った岩瀬は阿部（三十五歳）の下で新規事業すなわち海軍伝習所、講武所（陸軍の前身）、蕃書調所（のちの東京大学）などの創立に奔走した。なかでも最大のプロジェクトである長崎海軍伝習所に関しては岩瀬の尽力を無視することはできない。

海軍伝習所は、阿部の指示により水野がオランダから軍艦を購入すべく長崎に出かけたところから始まった。水野が企画し、それを永井が具体化したといえる。

それを幕府で決裁する際に動いたのが、江戸にいた目付岩瀬と阿部の腹心ともいえる勘定奉行松平近直《まつだいらちかなお》であった。それは長崎製鉄所についても同様のことがいえる。

水野が勘定奉行になって長崎を後にすると、残された永井は息つく暇もなく予定されたオランダからの教師団の受け容れ準備に追われた。具体的にいえば港内で禁止されていた大砲の発砲の許可を願い出たり、小銃の購入のこと、教師団の給料の見積もり、伝習所の諸経費、塩飽島から雇う水主たちへの手当、そして「日蘭条約」を結び、オランダ教師団が自由に長崎の町を歩けるよう取り計らった。

こうして一八五五年十二月一日（旧一八五五年十月二十二日）、第一次海軍伝習所が開校した。それから一年と四ヶ月、幕府は、はやばやと一期生たちに観光丸を江戸に回航するように命じてきた。築地に軍艦操練所をつくるためである。

第一次教師団長ペルスライケンは、まだ未熟としか思えなかった伝習生だけによる航海を危惧してそれに真向から反対した。しかし命令は変更されず、彼はせめてもの教え子たちへの餞《はなむ》けとばかりに、観光丸を隅々まで整備し上げたのち一行を見送った。

矢田堀景蔵が艦長を勤め、永井と第一次伝習生を乗せた観光丸は、瀬戸内海を抜けて二十一日間で無事に品川沖に錨を下ろした。

この時、永井と岩瀬は三年ぶりに顔を合わせた。二人は夜を徹して歓談し、その後も開国派の幕臣として運命を共にし、生涯を通じて友情は変わらなかった。

その一八五七年、阿部正弘が亡くなった。阿部はすでに老中首座の席を堀田正睦に譲り、自らは貿易開始に備え貿易取調掛の設置や留学生の派遣などを検討していた。そんな彼の死を予想できる者は誰ひとりとしていなかった。

堀田はその後、阿部の開国路線をどしどし進めていった。下田に上陸していたアメリカ領事ハリスを江戸に迎え入れ、将軍家定と面会させ、大統領からの親書を受け取った。

その後ハリスは堀田の屋敷で、「もはや中国はアロー号事件（第二次アヘン戦争）で負け戦を重ねており、戦争が終わり次第列強が日本に押し寄せて来るのは必至であること、今のうちに領土的野心のないアメリカと条約を締結するのが得策である」と力説した。

しかし堀田が条約のことを閣僚たちに諮問したところ、反対派は天皇の勅許が必要であると主張しはじめた。そこで一八五八年、堀田自身が川路聖謨や岩瀬等を引きつれて上洛したが、朝廷側は攘夷の一点張りで完全な失敗に終わった。

京都から戻った堀田を待っていたのは将軍継嗣《けいし》問題だった。

将軍家定には子がなかったので、当時一橋家にあった慶喜（二十二歳）を将軍家の嗣子にして幕府の立て直しを図ろうとする幕閣たちがいた。彼らのことを「一橋派」と呼ぶ。永井をはじめ阿部によって抜擢された人々はいずれも一橋派であった。

ところがこの継嗣問題に将軍家定自らが口を出して、一橋派に対立していた「紀州派」の井伊直弼がいきなり大老に抜擢された。大老職は老中たちをも無視できる強力な独裁権を持っている。井伊はすぐにでも一橋派の人々を排除したかったのであろうが、火急の問題としてハリスとの通商条約調印のことがあってとりあえず我慢した。

そこにハリスの予言どおり、アメリカ軍艦ミシシッピー号とポーハタン号が横浜に入港、続いてロシア軍艦アスコルド号も姿を見せた。さらに英仏海軍併せて三、四十隻が日本を目指しているという噂も流れた。幕府は崖っぷちに立たされた。

井伊は、外国奉行の岩瀬と井上を呼び出して、調印の延期をハリスに伝えるように命じた。その席で井上清直が「しかし、ハリスがそれを拒んだ場合、調印しても良ろしいでしょうか」と食い下がると、「その時はやむを得ない」という返答が返ってきた。二人はその言葉を質《しち》にとってポーハタン号でハリスと面会、条約に調印した（一八五八年）。今から思えばじつに際どい外交であった。

続いて、ロシア・オランダ・イギリス・そしてフランスが次々と幕府と通商条約を交わした。*こうして本当は開国したくなかった井伊が日本を開国させるという皮肉な結果に終わってしまった。

＊これが「安政の開国」といわれるもので、この時イギリスはビクトリア女王から幕府へ蒸気船「エンペラー号」を寄贈した。それが「蟠龍丸」で、戊辰戦争まで幕府海軍で活躍している。

翌一八五九年にかけて世にいう「安政の大獄」がはじまる。京都の攘夷派や、一橋派の人々が次々と逮捕されたり、或いは左遷されていった。岩瀬は作事奉行に飛ばされたのち禄を召し上げられ、永蟄居《ながちっきょ》を命じられた。永井も軍艦操練所から外され同様の身の上となった。

一八六〇年、桜田門外の変で井伊が暗殺されると、その秋、老中安藤信睦が井伊に排除された人々の復活に務めた。その流れの中で、三年後永井も蟄居を解かれたが、岩瀬は鬱状態の中ですでに亡くなっていた。

一八六二年、永井は軍艦操練所頭取に復職し、さらに京都町奉行として上洛した。当時の京都は長州を筆頭にした攘夷派が勢いを得て、島津久光が自藩の攘夷派を切らせたり（寺田屋騒動）、将軍家茂が入京し攘夷決行を表明したり、翌一八六三年には会津藩と薩摩藩が手を結び長州勢を都から追い落とすというクーデターなどが立て続けに起きて、落ち着く暇もなかった。

一八六四年、永井は将軍家茂から大目付を命じられた。いったん退いた長州が都を挽回しようとして起きた「蛤御門の変」では、永井も慶喜に従って弾雨の飛び交う中を馬で駆け抜けた。

長州藩の処理に当たり尾張藩主松平勝慶《かつよし》と共に広島に赴いたが、総参謀長西郷隆盛が中に入り、これ以上長州を叩いても得策でないとして討伐軍を解散させた。長州の半分を削るつもりだった幕府は永井の手ぬるい処置に怒り、彼を寄合に落としめた。

しかし翌一八五四年の対長戦争に際して、永井は外国奉行・長州御用掛・大目付に再起用される。幕府が如何に人材に不足していたかがよく分かる。

長州藩の方では、高杉晋作の勤王党が倒幕の意志を固め、武器調達のための時間稼ぎを繰り返し、まともに幕府側との交渉に入ろうとはしない。幕府から長州征伐を命じられた他藩も出兵を嫌がり、薩摩藩に到っては、はっきりとそれを断ってきた。こうして薩摩と長州は、倒幕という共通の目標の下に同盟を結んだ。

一八六六年、幕府と長州との間に戦端が開かれると幕府軍は敗退を重ね、しかもそんな中で家茂が二十一歳の若さで死去。急遽停戦のために現場に呼ばれたのは、勝海舟だった。

一八六八年、永井は徳川家最後の将軍となった慶喜から若年寄に抜擢され七千石に加増された。同年、土佐の後藤象二郎が徳川慶喜に大政奉還の建議を行った。そのとき永井はそれを歓迎し、自ら朝廷に建白する「大政奉還文」を書き下ろした。永井が坂本龍馬と会見したのもこの頃である。

倒幕のためにどうしても決戦に持ち込みたかった薩長両藩にとってはこの案は迷惑以外の何者でもなかった。その結果、龍馬は京都で暗殺される。続いて薩摩藩は江戸で幕府軍の陽動作戦を開始、ついに幕府軍に薩摩屋敷を焼き討ちさせるのに成功する。

この知らせを契機として鳥羽伏見の戦いがはじまった。

すぐに大坂城に退いた慶喜に対して、永井は最後まで京に残り、水戸藩を率いて二条城を守らせたが、敗戦により大坂城まで軍勢を引いた。この時点で戦の勝ち目はなお幕府軍の方にあった。兵士の数の上でも官軍を圧倒していたし、神戸には幕府海軍が多数集結していた。

しかし総大将である慶喜が深夜に江戸へ逃亡したことで、残された兵隊たちは収拾がつかなくなった。永井も紀州藩を頼り和歌山に落ち、そこから船で江戸に逃げ帰った。

江戸では永井が命名した「甲陽鎮撫隊」が組織され、甲府に出兵し土佐兵を相手に戦ったが惨めな敗北で終わった。

その後、勝海舟や大久保忠寛の働きで江戸城が官軍に開け渡された。この段階で、永井は幕府に対して何の義理もなくなった訳であるが、人の良い彼は軍艦「回天」に乗り込んで、北走する榎本艦隊に加わるのである。

函館では函館奉行に任命され、残った新撰組隊士たちと弁天砲台を守った。しかし幕府軍艦が次々と壊滅した結果、砲台は官軍の艦砲射撃にさらされ、やがて食料弾薬が尽きるとこれ以上の戦闘は無意味として永井は官軍に降伏した。

結局、五稜郭に籠もっていた榎本も降伏し、二人とも東京に監送された。二人は死を覚悟したが、官軍の将黒田《くろだ》清隆《きよたか》がこれからの日本にとって優秀な人材を失うことは国家の損失であると説いてまわり罪を許された。こうして釈放されたばかりか、二人は新政府で働くことになる。

五年後、永井は退官し、向島の岩瀬の旧宅「岐雲園」に住まいを移し、園内に祠を建てて岩瀬を祀り、死ぬまで香華を絶やさなかった。

当時、彼の住まいを尋ねる者は向山《むこうやま》黄村《こうそん》（元外国奉行）、高松《たかまつ》凌雲《りょううん》（函館病院々長）、杉浦《すぎうら》海譚《かいたん》（最後の函館奉行）、木村芥舟《かいしゅう》（海軍伝習所二代目取締）など旧幕臣たちであった。

特に永井の晩年には勝海舟が足繁く通っている。かつて永井は海軍伝習所を去る時、勝に留まってもらった経緯がある。以来、永井は勝に恩義を抱いていたに違いない。

幕府の瓦解後、勝は幕府出入りの豪商たちから三万両の献金を受け、それを元手に利殖を図り、困窮した旧幕臣たちの扶助につとめた。永井はその資金の運用を手伝うことで手間賃を受けて暮らしていた。

明治二十二年、永井は七十四歳で亡くなった。

永井の言動について詳しく調べたことのある土居良三は永井の人となりについて「彼のようにフランクで他人を疑うことを知らない人は稀である。相手の地位や禄高、年齢の上下によって態度を変えることはなく、知りたいことは誰にも聞き、良い意見があれば用いる。封建的身分制度の厳しい中に、良くこんな人物が生きられたと思うくらいだ」と記している。

■弾道論の系譜

江戸時代に「ニュートン力学」と取り組んだ日本人がいたといってもにわかには信じてもらえまい。

どんな分野にも抜きんでた人物が出てくるものであるが、「長崎蘭学」に限って言えば志筑忠雄（一七六〇〜一八〇六）がそれに当たる。

志筑忠雄は本名を中野忠次郎という。中野家は末次家や大賀家と同様博多商人で、長崎貿易に初期から関わる本《ほん》商人（幕府公認の商人）であった。したがって中野家はキリシタンだった時期もある。また肥後藩の御用商人も務めていた。屋敷は外浦町（現・万才町）で奉行所のすぐ向かいに当たる。

忠次郎が生まれた頃、中野家は不況から脱出する打開策として新しい試みに取り組んだ。こうして父中野用助が得たものが、三井越後屋の京都本店から資金を提供して貰い、その長崎方《かた》（出張所）を運営することであった。忠次郎の家が裕福だったとされる背景には、そんな事情がある。

彼は十七歳で由緒あるオランダ通詞の志筑家に養子に入り、志筑忠雄を名乗る。ところが在職二年足らずでそれを辞して家に籠もり、二十年間以上もほとんど面会謝絶の状態で蘭書の解読に没頭した。そうしてオランダ語はもちろん宇宙、天文、数学、物理学、歴史、世界地理学の分野まで、とにかく好奇心の及ぶ限り知識を吸収している。

一七八四年、長崎にフランスで「人間が気球で空を飛んだ」というビッグニュースが二枚の挿画と共にもたされた。

もとより彼は空気より軽いガスの存在など知る由もない。そこでアルキメデスの原理により浮上する「真空の気球*」を想定した。そのこと自体が大変な着想であるが、さらに一歩進んで、描かれた気球のサイズから中の空気の重さを計算し（球の体積を求める公式を知らないとできない）、描かれた図のサイズの気球では浮揚できないことまでも結論づけた。

＊「真空」という言葉は志筑忠雄の造語で、自分でトリチェリーの実験までして真空を確かめている。

そんな彼のことであるから、ニュートンの万有引力や落下の法則には魅せられたに違いない。落下の法則は大砲の弾がどの様な奇跡を描くかに通じている。『火器発法方』（一七八七）という訳書は「鉄砲弾道の発着遅速を算定する法」として、弟子の末次忠助に伝承される。

末次忠助は長崎代官末次平蔵政直の裔孫とされる。末次家は、四代目平蔵茂朝の時に（一六七六）

幕府からお取潰しに遭うが、忠助の家は処罰を免れたのだろう。

代々後興善町の乙名（代表世話役）を勤めていたが、やがて総町乙名頭取となり最後は出島乙名まで昇進している。博覧強記、博学多識の人であったが冗談ばかり弄していたので、地元長崎では奇人変人として有名だった。自ら「独笑《どくしょう》」と号したのは、世間が自分を理解できないことへの面当てだったのかもしれない。

彼の屋敷に寄宿した長崎遊学者も多い。なかでも日高凉台《ひだかりょうだい》はシーボルトに学んだのち眼科医として大坂で名声を高めた。

一八〇二年、伊能忠敬と共に日本地図の作製に当たった間重富《はざましげとみ》が、日食を利用して長崎・京都間の緯度を計測するため長崎を訪れた。観測は悪天候のため失敗したが、重富は出島でオランダ人に天文歴算に関する新学説（おそらく万有引力の説）を問うてみた。しかし満足の行く答を得ることができなかった。ところが図らずもその出島で末次忠助と出会い、彼と話すことで積年の疑問が氷解したという。

一八一二年、伊能忠敬が全国測量の途中、肥後にやって来た。当時肥後では池部《いけべ》春幸《はるゆき》が天文歴算・測量の師範役にあった。その子、啓太《けいた》は当時十五歳だったが、忠敬の一行に加わり測量等の指導を受けた。ある時忠敬の口から、間重富が長崎で出会った末次忠助のことが話題となり、啓太は長崎遊学の夢を抱くようになった。

四年後の一八一六年、それは実現した。啓太は忠助に入門を許され、以後二十年間に十三回も熊本・長崎間を往還し天文歴算、弾道論などを学んだ。

また弾道論の実際を知るために、町年寄《まちどしより》（市長のような存在）高島四郎兵衛に入門し砲術を学んだ。四郎兵衛はすでに荻野流の師範役であったが、出島で新しい西洋砲術に目を付けて研究中であった。

その結果、啓太は同じ年の四郎兵衛の子、高島秋帆と出会って意気投合した。こうして一八三五年、弾道計算と発射の実践とを融合させた高島流西洋砲術が創設された。

一八三八年、啓太自らも高島流奥義の免許を手にした。同年、啓太がいつものように昼食を取っていると長崎から急ぎの使者が現れて忠助の危篤《きとく》を告げた。啓太は箸を置くと直ちに出発、船で島原に渡り、昼夜を徹して長崎に至り師の枕元に駆けつけた。

忠助は啓太の顔を見て莞爾《かんじ》として笑い、残された弾道論のすべてを伝授したのち安心したかのように瞑目した。

翌年啓太の父が亡くなり、自らが天文・算学・測量の師範役を継いだ。熊本藩は高島流西洋砲術を採り入れる決議をし、一八四一年には啓太に命じてホーウィスル砲（臼砲）を鋳造させ、藩の兵制改革に参与させた。

すべてが順調に進むかに思えたその矢先、高島秋帆が長崎事件*（一八四三）に関わり江戸に繋がれると、啓太も連累《れんるい》を疑われ江戸に送られ、伝馬町の揚屋《あがりや》に入れられた。

＊一八三九年「蛮社の獄」を起こした大目付鳥居耀蔵による疑獄事件で、高島秋帆の西洋砲術には謀反の下心があるとして高島一派のみならず長崎の多くの人々が罪を課せられた。

啓太は三年に及ぶ獄中生活の間に、牢屋に現れるネズミの鬚《ひげ》を集めた筆で、茶碗の漆《うるし》を粉にして水で薄めた墨汁に浸し、鼻紙四百八十余枚にのぼる『割円四線表（三角函数表）』を完成させた。次いで数十万語を費やした『万動原理』を著した。それは弾道論を自分の代で絶やしてはいけないという悲願から発したものであった。残念なことに二つとも明治十年の西南戦争のとき焼失している。

一八四五年、阿部正弘が老中になると長崎事件が再吟味され、秋帆は釈放され江川太郎左衛門に引き取られ、啓太もその翌年許されて熊本に帰った。藩主は彼を優遇し、塾を開かせた。

一八五三年、黒船来航ののち高島秋帆も釈放され、江川太郎衛門の斡旋により芝新銭座にあった縄武館で西洋砲術を講じた。啓太もまたしばしば江戸に招かれて講義を行っている。

一八五五年、長崎に海軍伝習所が開かれると啓太も第一期生として藩から派遣された。そのとき彼は五十八歳。おそらく伝習生の中では最高齢者ではなかったろうか。啓太はこの伝習で新しい砲術と航海術を習得した。幕末から明治にかけての肥後藩における軍事行動はすべて啓太からはじまったと言っても良い。*

＊ただし猪飼隆明の「肥後の維新と海外情報」（一九九六）によれば、肥後から来た五名は蘭語を解し得ずいったん帰藩したという。その後第二期の教師団の一等士官トローィエンから砲術を学んだとある。

一八五六年、池部の塾に学ぶ一門弟の手紙が残っている。

「池部氏の発明に、西洋振り子の理（落下の法則）を以て、砲の道、火玉道《ひたまみち》、砲丸の前後遅速算をしていますが、随分面白いものです。池部塾に於ける弟子は五、六百人、砲術の門弟は七、八百人います」

ここに登場する「池辺氏の発明」というのは我が国初の空気抵抗測定による「射表《しゃひょう》」の編纂のことである。

高島流砲術が実際に果たした役割を明らかにするため、ここで話を薩摩藩に移す。

一八三七年薩摩は外国船打払令により、マカオから漂流民を届けに来た米商船モリソン号を砲撃したことがある。ところが打った弾のことごとくが命中しなかった。一発だけ当たった弾は何の被害も与えなかった。

藩はその苦い経験を味わった末に藩士二名を長崎に向かわせ、高島流砲術を学ばせた（一八三八）。さらに薩摩藩は海軍伝習所でも新しい砲術を身につけることができた。

カッテンディーケの『長崎海軍伝習所の思い出』には、「田上《たがみ》に設けられた射的場を練習所として、艦砲射撃および陸上砲の射撃訓練もやった。驚くべきことに、日本人は咸臨丸からその射的場にうまく着弾させることができた」とある。つまり長崎港からざっと三キロほど離れた高度二百数十メートルの高地に命中させたことになる。これは弾道計算なしには考えられない。

その成果は薩英戦争（一八六三）で明らかにされた。

そのとき、イギリス海軍は新装のアームストロング砲を装備した旗艦ユーリアラス号を筆頭に、全部で七隻の軍艦、その兵員千四百十八名、機関の総力千五百馬力、総トン数七千三百トンで、薩摩の戦力を圧倒していた。

しかし薩摩藩士は彼らの威嚇に屈しなかった。当時鹿児島には十一の台場と八十一門の砲が整備されていた。それで敵艦を迎え撃った挙げ句、イギリス側に戦死者十三名、負傷兵五十名という被害を与えた。世界最強を誇る海軍が、旧式砲の円弾を受けて旗艦の首脳陣を斃《たお》されるというのは前代未聞のできごとだった。

それは、ニュートン力学から導き出された弾道計算が志筑忠雄から末次忠助、池部啓太へと引き継がれ、実際に高島流砲術に応用され、さらに海軍伝習所で最新の砲術を学んだ結果はじめて可能となったもので、そうでなければ薩摩はモリソン号砲撃の二の舞を演じ、イギリス海軍に完敗したに違いないのである。

啓太は明治元年、七十一歳で熊本で亡くなった。

昭和五年『科学知識』という雑誌に、海軍大佐有馬《ありま》成甫《なりすけ》による「隠れたる科学の先覚者」という連載がはじまった。その第一回目は「池部啓太」で飾られている。

最終章　製糸業から外国航路まで

陸に上がった蒸気機関

一八六九（明治二）年の夏に静岡の沼津兵学校から、『蒸気器械書』というテキストが刊行された。そこにはボイラーとスチーム・エンジンの構造と取扱方、外輪船とスクリュー船の比較、熱力学、馬力計算など、蒸気機関についての基本的な知識が「歯車」、「ねじ」、「ばね」、「ろくろ」、「クランク」、「クラッチ」、など現代でも使われている言葉で明快に説かれている。

明治二年の夏といえば、戊辰戦争に決着が着いた頃である。その著者は不明であるが、この卓越した知的レベルの持ち主は、海軍伝習所に学んだ者に相違ない。つまり著者は一八六八（明治元）年徳川家が駿府に移封を命じられたのち、沼津兵学校で教鞭を執っていた者に限られる。ところで新政府は一八六九（明治二）年、築地の「軍艦操練所」を、「海軍兵学寮」と改める。その海軍兵学寮（のちの海軍兵学校）からこれとまったく同じテキストが発刊されているのである。これは何を意味するのだろうか。

おそらくその著者が沼津で開講しようとしたその時に、新政府からお声が掛かり海軍兵学寮へと引き抜かれたものと思われる。当時、沼津兵学校から新政府に移った者には、矢田堀景蔵、赤松大三郎、伴鉄太郎、田辺太一など榎本艦隊に追従しなかった人々が少なからずいた。

このように幕末に蓄積された人材や高度な知識は、一部は榎本艦隊へ、一部は駿府へと分かれたが、最終的にはいずれも明治政府に引き継がれている。幕府と新政府は、戊辰戦争によって断絶したわけでなく、継続していたのである。

そもそも蒸気機関は、イギリスで石炭の掘削の際、坑道に溜まった水を汲み出すために発明されたものであるが、日本では蒸気船の動力として入ってきた。その後、海から陸へ上がり、造船や機械製作のための動力源として応用された。

一八七二年（明治五）に操業を開始した富岡製糸場もそのひとつである。ここに紹介するのは石川島造船所に勤務していた一役員の回想である。

「明治十一、二年頃と記憶するが、政府が製糸が重要な産業であることに着目して、群馬県に富岡製糸工場を建て、石川島造船所から蒸気機関とその付随する装置を供給した。以来、上州や信州では機械製糸業が盛んとなり、石川島から供給した蒸気機関の数も相当に上がったが、ここに面白い話がある」

「製糸機械の蒸気圧力は低いので、船舶用機関の中古品を修理して代用するのが流行った。こうして海から陸に上がった中古の機関が全国のほとんどの工場に行き渡り、ついには新品を注文する者までもが、船舶用機関でなければ承知しなくなったのには驚いた」

「こうした訳でその時分は陸上の蒸気機関の八割までは製糸工場に設置され、その燃料も石炭を運ぶ鉄道が普及していなかったので、薪が使われた。海から上がった蒸気機関に石炭ではなく、薪が焚かれたという光景も、今は昔の物語である」（『平野富二伝』　傍点は著者）

蒸気機関が海から陸へ上がって行く様子が良くうかがえる。

しかし、蒸気機関が動力として活躍を見せるには、まだまだ長い時間が必要だった。日本国内でトータルして一千馬力以上の蒸気機関が働きはじめるのはようやく明治二十九年以降になる。

ではそれまでの近代日本の産業を支えていた動力とは一体何だったのだろう。答えは水車である。

水車の歴史は古い。『徒然草』にすでに登場する。江戸時代には村同志の水争いに関わるので幕府は水車の利用を容易に許可しなかったとされている。それでも庶民は灌漑や、臼を利用して穀類や鉄鉱石を砕いたり、油を絞ったり、精米、製糖、製糸にも利用した。

幕末になるとさらに用途が増えて、佐賀藩の鋳造砲に穴を開ける際にも、薩摩藩が洋式紡績を導入する時にも動力源として水車が利用された。もちろん金属加工をする場合や製鉄所に於ける送風装置や、くず綿から太い綿糸をつくる際にも利用され、「水車紡績」という言葉が残っている。

この流水を利用したたゆみなく働く水車は、何処か日本人の心に訴えるものがあるとみえて、今日でも観光用として目にすることができる。しかしそれは水量が豊かな場所に限定されるし、季節によって水量が変わるという欠点がある。ことに冬には水枯れになり易い。所詮それは蒸気機関に取って代わられる運命にあったともいえる。

明治の長崎が生んだ実業家に杉山徳三郎《すぎやまとくさぶろう》という人がいる。この人は平野富二より七歳年長であるが、平野同様地役人の中から選ばれ、海軍伝習所の二期生として砲術・造船・砲隊の訓練などを学んだ。

やがて完成した長崎製鉄所で蒸気機関を学び、平野と同じく一等機関方に任命された。当時諸藩は蒸気船は購入したもののそれを運用する人材に不足していたので、杉山は請われて諸藩の蒸気船を乗り回した。ちなみに長崎奉行がつくった蒸気船（先登丸）を江戸まで回航したのも、この杉山である。維新後は大津の造船所で琵琶湖を運航する蒸気船二艘を建造し、さらに兵庫製鉄所の職長も務めた。

その後横浜製鉄所に移り共同経営に参加していたが、西南戦争（一八七七）が終わると長崎に戻り、蒸気機関を使用した精米工場を起こした。この精米機は効率が良く全国に広がり、それまで冬期になると越後名物とされた米つきの出稼ぎ業を無くしてしまった。以来越後の人々は醸造労働者に転じて今日に到っている。

さらに杉山は盛んになった石炭採掘業に目をつけ、北九州の遠賀川上流で掘削を開始、蒸気機関による排水ポンプと捲揚げ機を使用して炭鉱の機械化を進め、全国にその名が知られた。ヨーロッパの蒸気機関が陸から海へと普及したのに対して、日本では逆に、海から陸に上がっている。

絹が支えた近代産業

ところで幕府並びに諸藩が一時期、蒸気船や武器の購入に奔走したのは本文で述べた。その借財は容易に決済できないほど高額であったが、そのまま新政府に継承され、やがて完済されている。いったい、新政府は何をしたというのだろう。

明治政府に潤沢な金があったわけではない。彰義隊が籠もった上野の戦争の際にも、大坂商人から無理矢理資金を供出させたような次第であった。それなのに無事に完済できたのは、幕府が行った開港、つまり自由貿易にあった。

一八五九年、横浜・長崎・函館が外国船に開放されると、輸出が大きく輸入を上回った。外国商人が目をつけたのは日本の生糸である。生糸は横浜から輸出されたので、当時の全輸出額の八割は横浜港が占めた。生麦事件の巨額な賠償金が払えたのも、横浜の運上所に外貨が貯まっていたからである。

日本の生糸が買われた理由は二つ。日本国内での生糸価格が国際的に極めて安価であったこと。次に当時ヨーロッパで蚕の微粒子病が流行り、生糸の供給が不足していたことによる。後者は一時的なものであったが、生糸の輸出はその後も長い間続いた。

しかし国内での製糸産業は人力による製品で、品質が不揃いで国際競争では劣っていた。そこで政府は、明治三年横浜に滞在していたフランス人生糸商人ブリュナーと契約を結び外国から新しい製糸技術を導入した。

ブリュナーは群馬県富岡付近の繭が優れていたのと、近くの高崎などに石炭が見つかったので工場を富岡に決定した。長崎製鉄所と同様トラス構造の屋根で覆われた煉瓦建ての工場には、フランスから十七馬力半の蒸気機関が取り寄せられた。

官営の富岡製糸場は、いわば「機械製糸の伝習所」であって、フランス人工女四名が教師として招かれた。最初は日本人工女の募集に苦しんだが、仕事の他に教育を授ける方策をとると、次第に増えて一八七三（明治六）年には四〇〇名を越えた。この伝習を終えた工女たちが、それぞれ故郷へ帰り、各地に新技術が浸透し日本の製糸業に大きく貢献した。

幕末期における軍艦や洋式帆船購入代金は、こうした工女たちが稼ぎだした外貨により完済することができた。当時、「絹を紡いで軍艦を買う」といわれたのは事実であった。

世界が球体になった「グローバル元年」

「幕末」といえば、ややもすれば国内事情にばかり目が向けられがちであるが、じつはこの時代は国外でも有史以来の世界的変動がはじまろうとしていた。

本文の中で「海軍のルネッサンス」に触れたが、それは軍艦のみならず一般の艦船の航路にまで大きな影響を与えた。

そもそもヨーロッパからインドへの航路は、一四九八年、バスコ＝ダ＝ガマによって発見され、アフリカ大陸の最南端「喜望峰」を迂回しなければならなかった。そこは海流がぶつかり合って波が荒く、特に帰路に多くの遭難事故を出している。

一八五三年のペリーの黒船艦隊にいたっても、アメリカ東海岸から出発して、同じ航路を使って日本に到達している。

太平洋はスペイン船がメキシコ〜フィリピン間の航路を開いていたが、ヨーロッパやアメリカ東海岸からその航路を使おうとすれば、いったん南アメリカのマゼラン海峡かホーン岬まで南下しなければならず、とてつもなく長い航路となってしまう。

そんな東洋への航路を一変させたのは七つの海を制覇したイギリスである。

一八三七年、イギリスの国策郵便会社「ペニンシュラー＝アンド＝オリエンタル汽船会社」

（以下P&O社で通す）は、ロンドンからポルトガルのリスボンを経由し、地中海出入口にあるジブラルタルまでの郵便定期航路を開設した。

三年後の一八四〇年（アヘン戦争の年）、航路はジブラルタルから地中海に入り、エジプトのアレキサンドリアまで延長された。その目的は、紅海を抜けてインド洋に達するところにあった。それは大航海時代以来、誰も思いつかなかった新たな航路である。

ただし紅海に到るにはアレキサンドリアで上陸し、スエズまでを馬車やラクダで砂漠を移動しなければならない。いったん上陸するところからそれは「オーバーランド・コース」とも呼ばれた。スエズから紅海を抜けて、インドのボンベイに到るまでは、イギリス東インド会社の蒸気船が定期航路の利権を持っていた。

一八四四年、P&O社はボンベイから以東のセイロン〜シンガポール間のルートを獲得した。一八四八年にはスエズから送られてきた最初の郵便物がシンガポールからさらに北上して香港まで届けられた。こうして蒸気船を乗り継ぐことで、イギリスと中国（香港）が五十日間前後で結ばれた。

イギリスはかつて一隻の蒸気船を用いて喜望峰経由でインドのカルカッタまで航海させたことがある（一八二五）。かかった日数は百十五日であった。それと比べると新しいコースは半分ですむ。

当時の蒸気船の性能では、一隻で長い航海をするよりも、港湾施設の優れた港の間を乗り継ぐことで、帆船よりも早く確実に郵便物を届けることができた。

一八五三年になると月一度の輸送だったものが、二度に変わった。一八五三年はペリー艦隊が浦賀にやってきた年である。黒船艦隊は、アメリカ東海岸から寄り道をしながら二〇〇日余をかけて日本にやって来た。その乗組員の一人が、アメリカ東海岸にいる妻と文通を交わしていた。

彼女の手紙は大西洋を蒸気船で十日ほどで横断してイギリスに到着、別の蒸気船でフランスにわたり、フランスを陸送されたのち、マルセイユからスエズ、そしてシンガポールまでを四十日間で届けられた。さらにそこから七日ほどで香港まで運ばれた。こうして合計五十七日間前後で香港に届いた。翌年、夫が二度目の日本行きから戻ると、香港には十七通もの手紙が彼の帰りを待ち受けていた。それを可能にしたのが蒸気船であった。

そういうわけでペリー提督自身も、艦隊任務を終えたのちは、香港からイギリスの蒸気船に乗船し、紅海ルートを経てフランスに渡り、さらにイギリスから定期蒸気船で母国アメリカに帰っている。その方が早くて安全だったからである。

十九世紀初頭にはじまった蒸気機関の船の転用は、半世紀を経てようやく自らの存在を明らかにした。蒸気船は大西洋・地中海・インド洋を結び、ひとつの平面に変えた。そしてその平面上を人や情報が、西から東へ、東から西へと行き交うようになったのである。ただし太平洋は、以前として巨大なクレバス（割れ目）に近い状態であった。

その太平洋は先ず、南太平洋から先に拓かれた。

一八五一年、オーストラリアで金鉱が発見されヨーロッパの注目を浴びる。一八五三年、サンフランシスコ～シドニー間を二ヶ月以上をかけて、蒸気船が初めて太平洋を航行した。

一八五四年、ニューヨーク＝オーストラリア汽船会社の蒸気船がシドニーを出航、三十九日後にパナマに到着した。さらに郵便物はパナマ地峡を陸送され、再び船でカリブ海を渡り、ニューヨークから大西洋を超え、ロンドンまで計六十五日目で到着している。それまでオーストラリアといえば、ヨーロッパから隔離された農業植民地くらいに思われていたのが、これを契機に貿易や商業活動に関わる価値ある大陸へと変貌する。

しかし、北太平洋はそうは行かなかった。ペリー提督は日本人に太平洋は蒸気船で十九日で横断できると大ぼらを吹いたが、そんな艦船は一向に現れなかった。

英米の海運業界では、大西洋をめぐる蒸気船による熾烈な競争がはじまり、両国とも太平洋を振り向く余裕などなかった。

一八五八年、イギリスは豪州航路のためにつくられた巨大蒸気船「グレート・イースタン号」を大西洋に動員したにもかかわらず、路線は赤字を出してしまった。しかしそのような死に物狂いの競争の結果、大西洋は「大洋」から「内海」のようになっていった。

一八五九年、長崎・神奈川・函館の三港が開かれると、イギリスのP&O社の船が上海から長崎に入港、翌年には横浜まで航路を伸ばした。ただし不定期な航路である。

一八六〇年、アメリカ西海岸サンフランシスコに一隻の蒸気船が忽然と姿を現した。それは他でもない、海軍伝習を終えて間もない日本からやって来た「咸臨丸」だった。

遣米使節を乗せたポーハタン号より一足先に発ち、三十七日かけて太平洋を単独横断した咸臨丸は、アメリカ人の度肝を抜き一大センセイションを起こした。サンフランシスコの人々が一行を厚くもてなし、海軍が咸臨丸の修理を無償で引き受けたのも、その壮挙が高く評価されたこともあるだろう。

ちなみに遣米使節一行を乗せたポーハタン号[*]は、二週間ほど遅れてサンフランシスコに入港。その後、パナマまで南下した。下船した一行はパナマ地峡を汽車で横断、大西洋岸に出ると別の軍艦で首都ワシントンに到着、使命を果たした後はニューヨークから「ナイアガラ号」に乗って喜望峰を経由して、九ヶ月後に日本に戻っている。

＊ポーハタン号はその後南下して、ホーン岬を迂回し東海岸に到達。南北戦争では北軍の軍艦として活躍した。

一八六二年以降、幕府は四回にわたり遣欧使節を派遣するが、彼らはいずれも紅海コースでヨーロッパ入りを果たしている。

一八六三年になるとイギリスのＰ＆Ｏ社、一八六五年にはフランス郵船がそれぞれ上海〜横浜間の定期航路を開設、これにより渡欧がいっそう楽になった。しかし一八六二年の幕府オランダ留学生たちは、オランダ船を利用したので喜望峰経由で渡欧している。

アメリカではじまった南北戦争（一八六一〜六五）は、イギリス側に有利にはたらき、商業や貿易でイギリスが決定的な勝者となった。一八五九年から一八六八年までの間に、横浜に建てられた外国人商館は、八十五軒のうち五十一軒がイギリス人のもので、アメリカ人のものは九軒である。長崎でもその比率は大体同様であった。

南北戦争が終わった一八六五年、アメリカ政府は米国〜香港間に蒸気船による郵便業務を計画した。大西洋航路ではイギリスに敗北したが、太平洋でそれを挽回しようとしたのである。政府の呼びかけに名乗りを挙げたのは、パシフィック・メイル会社（以後ＰＭ社で通す）である。ＰＭ社は北米東海岸からパナマ地峡を超えて、西海岸サンフランシスコ間に蒸気船を運行していた。

一八六七年一月一日、ＰＭ社最初の船「コロラド号」がサンフランシスコを出港し、同月二十四日に横浜に到着した。翌日横浜を出て、三十日には香港に到達した。この船の復路には、本文で触れた小野友五郎一行が軍艦購入のために乗り込み太平洋を往復している。

ここに太平洋を横断する貿易ルートが設置された。黒船来航からすでに十四年が流れ、ペリーはすでに故人となっていた。

一八六八年、太平洋がＰＭ社の定期航路で結ばれると、地図の上で極東に描かれていた日本と、極西に描かれていたアメリカとが結ばれ、東半球と西半球に分かれていた世界が一つの球体になった。

そしてそれ以後、人や物や情報が球面をかけ廻るようになる。それを「グローバル元年」と呼ぶ人もいる。

そして日本人がつくりあげた六十馬力の軍艦「千代田形」はまさしくそれにあわせるかのように竣工している。

一八七五（明治八）年二月、三菱商会が政府の支援を得て横浜〜上海間に定期航路を開設した。それは我が国最初の外国航路で、その結果ＰＭ社やＰ＆Ｏ社と激しい競争を余儀なくされたが、結局、外国勢の両者は敗退し、三菱は上海航路を買収するのに成功した。

言い換えれば、明治を迎えた日本は先進国と同等に肩を並べていた。

海軍伝習生名簿

Ⅰ　幕府伝習生並びにオランダ人教師団名簿

■第一期生（一八五五年十二月より一八五七年三月まで約十六ヶ月）

★印は昌平丸で長崎着、他は陸行

〈艦長要員〉

永持亨次郎　★矢田堀景蔵　★勝麟太郎

○艦長要員は旗本の中でも、小十人組《こじゅうにんぐみ》という最下位であった。勝麟太郎にいたっては旗本以下の御家人だったので、発令に先立ち小十人組に昇進させてもらってから長崎に赴任している。

○身分の高い旗本が海軍伝習に参加しなかったのは、徳川期の日本には水軍（海軍）がなく、船将もいなければ提督もなかった。概して船乗りは賤しい者の仕事と見なされていたからである。

○艦長要員は事務局や教師団と伝習生のパイプ役を兼ねていた。このうち永持はその抜群の才覚が認められ翌年、長崎奉行付組頭に栄転した。

〈海軍士官要員〉

一等士官候補＝★下曽根次郎助（高島流師範一名）

士官＝三浦新十郎　蜷川藤五郎　尾形作右衛門　松島鐸次郎（以上幕府鉄砲方四名）

士官＝★中島三郎助★佐々倉桐太郎（浦賀奉行組二名）

士官＝★鈴藤勇次郎　★望月大象　★岩嶋源八郎　★石井修三　★長沢鋼吉（江川太郎左衛門方手代四名）

○江戸で高島流砲術が披露されたのち、下曽根金三郎と江川太郎左右衛門に西洋砲術の伝習が許された。したがって士官要員は両家の鉄砲方と浦賀奉行の与力が選ばれている。

○永井総督は日本の身分制度の中で、幕府の鉄砲方に属する与力・手付を士官要員に、同心を下士官要員として考えた。

○この中で鈴藤勇次郎は天賦の画才に恵まれ、のち「咸臨丸難航図」という傑作を残している。

〈技術士官要員〉

航海測量方要員＝★土屋忠次郎（浦賀奉行組）小野友五郎（天文方）高柳兵助（天文方）福岡金吾（天文方）

蒸気機械方兼火焚取締方＝兼松亀次郎　竹内卯吉郎　吉田鶴次郎　児島半太郎（長崎地役人四名）

○長崎地役人が士官に参画しているのは注目されて良い。

〈下士官要員〉

帆前運用方＝★岩田平作　★浜口興右衛門　★飯田敬之助（以上浦賀奉行組三名）

船頭要員＝山田八郎　武井茂四郎　竹内勝三郎（長崎地役人）

〈下士官職方要員〉

船打建方要員＝★春山辨蔵（浦賀奉行組）池辺龍右衛門（長崎地役人）　緒方賢次郎（長崎地役人）

帆縫方要員＝★山本金次郎（浦賀奉行組）

○池辺龍右衛門は長崎奉行所の唐人番の家に生まれ、一八五四年から蒸気船掛となり一八五六年、コットル船の建造にも参画し一八六一年、蒸気軍艦打建掛、一八六八年には長崎製鉄所掛等を勤めた。まさしく「幕末の造船技師」と呼ぶにふさわしい人物である。

〈海兵隊要員〉

大砲方＝中村泰助　小笠原庄三郎　鈴木儀右衛門　小川善太郎　川下作十郎　関川伴次郎　近藤熊吉　村田小一郎（幕府　鉄砲方）

兵卒小頭＝伴梅吉郎　中尾若次　佐々木門次郎（長崎地役人）　鼓手《ドラマー》＝★金沢種米之助《しゅめのすけ》（浦賀奉行所）　関口鉄之助　福西甚平（幕府鉄砲方）　吉村虎吉（長崎地役人）

〈兵要員（非戦闘員）〉

船大工＝★熊蔵　★長吉（浦賀奉行所二名）　駒次（指名）　七助　虎吉（江川太郎右衛門方）（鍛冶）　喜太郎　菊太郎（江川太郎右衛門鉄砲方）

○船大工の熊三、長吉は浦賀で鳳凰丸造船の経験を持ち、七助、虎吉は戸田で君沢形の造船経験者。

○虎吉は戸田に於ける君沢形建造の経験者で、のち上田虎吉として横須賀造船所職工長となる。

水夫＝吉太郎　紋太郎　栄蔵　孫市　仲次郎　万五郎　太助　平蔵　市次郎　清五郎　岩五郎　十太郎　太吉　小太郎　源太郎　嘉吉　甚右衛門　六兵衛　利右衛門（浦賀水主十九名）

水夫＝文七　佐吉　高吉　勘助　重兵衛　林蔵　市蔵　嘉助　定次郎　辰蔵　金蔵　伊八（塩飽水主十二名）

火夫＝他の必要人数分は長崎奉行所が調達した。

○塩飽島の水主たちは古来、優秀な船大工や水主を生み出すことで知られており、永井の発議によって同島より選ばれ伝習所へ入所した。しかし、彼らは西洋船の高いマストに登って帆を操作することは出来なかった。のち咸臨丸が太平洋で難航した際にも彼らは活動できず、西洋船に慣熟していた中浜万次郎とアメリカ人乗組員とが働くことで危機を乗り越えた。

〈員外聴講生〉

★塚本明毅　榎本釜次郎　堀尾禎輔　★堀貞次郎　石橋亘　中沢見作　名泉弥吉　★高橋昇吉　高橋重吉（矢田堀景蔵従者九名）

★岩崎旗之助　★赤松清五郎　★増田謙介　★佐藤与之助　★安場敬之助　★釜萢庄左衛門　★大川半次郎　★西川要作（勝麟太郎内侍八名）

★塩田秀次　高橋慎八（下曽根次郎助従者二名）

福村周義（三浦新十郎内侍）
渡辺長蔵（中島三郎助若党）
梅原小三郎　木村半次郎（江川太郎左衛門手代若党二名）
○榎本釜次郎（武揚）は二期生から参加しているとされるが、藤井哲夫『長崎海軍伝習所』によれば一期生の員外聴講員に含まれている。

〈会計及び雑務取扱〉

中臺信太郎　小田切鋼一郎　飯田孫三郎　石川周二（徒目付《かち》三名）
山田八郎　兼松亀次郎　高松彦三郎　宮崎寛三郎　伊沢兵九郎（小人目付五名）
以上、資料によって異なるが幕府伝習生は三十七名前後。

■第一次オランダ人教師団

団長一等士官　ペルス＝ライケン（航海術・運用術・造船）
二等士官　ス＝フラウエン（砲術・造船）
二等士官　エーフ（船具運用・天測の実技）
主計士官　デ＝ヨンゲ（数学）
機関方　ドールニックス（蒸気機関）
同　フェラールス（同）

掌帆長　ホルンプケ
海兵下士官　シンケルンベルク（鉄砲調練）
甲板長　ウールセンブルク
船匠手　ヘルフィン
製帆手　ファン＝ウェールト
一等水夫　ドイト
同　デ＝クラウ
同　ホッペンブロウエル
同　ブラーウ
同　クラーメル
二等海兵　シックマン
同　ヘフティ（鼓手）
一等水夫　ライスト
同　クラウス
同　ドールナール
同　スホットマンス

○第一次教師団は、バタビアの東インド政庁海軍の現地で編成され、オランダ国王から将軍家定に献上されたスンビン号を長崎まで回航した。

○ペルス＝ライケンは、一期生が終わったのちも、留年組や二期生ならびに他藩からの伝習のために、第二次教師団と交代する一八五七年十一月まで伝習を続けた。
○またこのリストには登場しないが、一八五三から一八五七年まで出島商館医として過ごしたファン＝デン＝ブルックを無視することは出来ない。彼は物理学学会会員で物理、化学にも明るく伝習生、佐賀藩士、薩摩藩士などを相手に、多方面に渡る近代軍事科学技術の相談に乗っている。

■第二期生（一八五七年四月より一八五八年五月まで十三ヶ月）

〈江戸からの派遣組〉

伊沢謹吾　榎本釜次郎（武揚）　松平金之助　尾本久作（幕臣　部屋住《へやずみ》又は厄介四名）
岡田井蔵　杉浦金次郎　吉見健之丞　伴鉄太郎（遠国奉行組　四名）
安井畑蔵　柴弘吉　松岡盤吉　肥田浜五郎（江川太郎左衛門　組四名）
以上江戸組は十二名。
○第二期生は江戸に引き揚げた伝習生の補充のため、急遽、永井総督の一存により長崎地役人が集められ、海上警備を目的として始められた。といっても伝習の内容に変化があったのではない。それまでと同じ授業内容である。長崎は天領で彼らは陪臣（武士）ではなかったので、勝麟太郎が著した『海軍歴史』からは除外されている。

〈長崎の地役人たち〉

海上警備全般

（役所附二名）喜悦平兵衛　中村六之助
（唐人番四名）土屋修蔵　磯辺春平　山本辰弥　本庄寛一

算術・砲術
（役所附九名）牧権六郎　近藤又兵衛　溝口良左衛門　池島豊之助　山本得三　津田辰次郎
松下秀作　横山森之助　竹内清一郎
（遠見番十名）今井泉三郎　鬼塚辰之助　成瀬米三郎　吉村寛次郎　嘉悦利十郎　吉村幸五郎
　戸田秀吉　館陽之助　戸瀬栄之進　別府富次郎
（唐人番四名）今田平三郎　松浦原一　加藤雄次郎　松江精一
（船番十九名）矢野熊三郎　三浦為三郎　江崎太吉　三浦亀次郎　江崎幸之助　成田郡三郎
松下豊三郎　野口常次郎　久保山悦作　野口耕之進　福田新十郎　米原清治　猪熊五三郎
村井東光　吉田長助　加藤源之助　今井源光　塩津善十郎　今井守衛
（町司十七名）野口多喜馬　藤川三次郎　種田尭之進　吉村甚兵衛　伴直十郎　吉村金太夫
猶岡市十郎　池島秀十郎　太田郡蔵　尾山与市郎　塚原英次郎　上原東衛門　野村栄治　中
山慎吾　井原繁十郎　牧権蔵　杉山徳三郎

○長崎地役人の伝習生たちは、一八六五年、長崎奉行が長崎警固のためにイギリスから購入した「回天」に乗り組み、第二次対長戦争に参加した。その後、回天は幕府海軍の軍艦となり、榎本艦隊に合流して函館戦争に参加、新政府軍の攻撃を受けて焼失した。吉村昭の『幕府軍艦回天始末』に詳しい。
○役所附の中村六之助の息子、一郎はのち朝陽丸の副長として函館戦争に参加した。その際、朝陽丸には三十五人の長崎出身者が乗っていたが、榎本艦隊の蟠龍が放った一弾が火薬庫に命中し、二十六人が艦と共に運命を共にした。
○町司の杉山徳三郎は近代産業に蒸気機関を導入し、明治の企業家となる。

〈長崎代官〉

砲術・調練

（長崎代官）高木作右衛門　高木助太郎（弟）高木雅熊（同）

築城・砲術

（代官手代五名）村次鉄之進　牛島東蔵　若島半蔵　塚田槌次郎　井原米次郎

（高木家来三名）奥田荒二　菊池左源太　千布秀二郎

〈瀬崎米蔵番〉

砲術

（米蔵預り三名）打橋留吉　西川嘉平　堀立半次郎

航海・算術・砲術

（米蔵預り三名）大塚鹿一郎　神島大吉　伊藤登次郎

運用・船具

（船頭役見習二名）清水太美十郎　辰五郎

○瀬崎米蔵は天草や松浦などの公領で採れた米を回漕し、おさめていた米蔵で瀬崎に置かれていた。

以上、総勢九十四名。

■第三期生（一八五七年十月から一八五九年五月まで約十八ヶ月）

専攻なし（二人とも蕃書調所の教授である）

荒井光太郎（一八五七年死亡）　設楽莞爾

航海・造船

赤松大三郎（蕃書調所出役のちオランダ留学生）

畠山邦之助（小姓組）　中山一助（小姓組）　川上万之丞（小姓組）　内田恒次郎（のちオランダ留学生）

砲術

沢太郎左衛門（のちオランダ留学生）　河野栄次郎（蕃書調所教授出役）　田辺太一（学問所教授出役）　合原操蔵（浦賀奉行組）　柴田真一郎（浦賀奉行組）

運用

根津欽次郎（小普請組）　田島順輔（蕃書調所出役）　兼松亀次郎（小人目付・一期にも出席）

軍医

松本良順　高松力蔵

航海

海老原伝次郎（天文方出役）　久保紀之助（小姓組）　白井勇三郎（職名なし）　斉藤源蔵（蕃書調所勤番）　岸本惣次郎（天文方手付手伝）　倉橋育之助（書院番）　小笠原鐘次郎（書院番）　小笠原静五郎（職名なし）　高橋参郎（書物御用）　小幕東之輔（書物御用）　蛭子末次郎（職名なし）

蒸気機関
朝夷楗次郎（浦賀奉行与力）　竹川竜之助（書物用出役）　力石太郎（書物用出役）　小杉雅之進（御賄御酒役世話役）　高橋泰平（職名なし）　中村六三郎（職名なし）

○第三期生は旗本・御家人の師弟ばかりで年齢は二、三の例外を除けば十代後半か二十代初めの若者集団である。「職名なし」が多いのもまだ一人前でなかったからであろうか。しかし、彼らはその若さ故に、のちの明治の海軍兵学校のような士官教育を受けることができた。榎本武揚（二期から三期）、赤松大三郎、沢太郎左衛門のような人物がここから出たのも道理である。
○のち「回天」の艦長となった甲賀源吾が名簿から漏れている。
○またこれらの若い伝習生を蔭となって支えたのは、二期生として伝習を続けて来た長崎の地役人たちである。

■第二次オランダ人教師団

団長　カッテンディーケ
一等士官　ファン＝トローイエン
二等士官　ウイッヘルズ（航海術と英語）

軍医士官　ポンペ＝ファン＝メールデルフォールト（医学）
主計士官　ウンブフローベ
機関士官　ハルデス（長崎製鉄所）
機械方　ファン＝アーケン
同　スコイト
掌帆長　デ＝ラッペル
掌帆長属　ブルーシンキ
製帆手　ヘルフスト（不行跡につき途中で本国送還）
船匠長　ヘルフィン（第一次より引続き）
乗馬術　センチュール
看護長　インデルマウン（活字職）
一等水夫　ウエイカント
同　シキュルス（不行跡につき途中で本国送還）
同　ケレンベルク（在日中病死）
同　ウェードデッキ（負傷により本国送還）
同　ファン＝レイン
同　ダイデレン（在日中病死）
同　クーレマンス

同　フェルレー
同　コック
同　テースト
同（鼓手）　ファン＝デル＝ベルク
同（鼓手）　ファン＝デル＝クック
同　キニップル（士官室の給仕）
海兵下士官　ハンカラーシルク
一等海兵　ファン＝ヒューメン
汽缶方　アンドリーセン（製鉄所・不行跡につき途中で本国送還）
旋盤職方長　バーウィンキ（製鉄所）
鍛冶職方長　ヤンスセン（製鉄所）
同　メースセン（製鉄所）
工作職方長　ウィルデブール（製鉄所）
旋盤工作職長　ビュルゲル
銅器工作職長　エイスセンブルク
模型工作職長　フェルトカンプ（製鉄所）

○カッテンディーケを初めとする新しい二次師団は本国オランダ海軍から選抜された優秀な教師団で、幕府が注文していたヤーパン号（のち咸臨丸）を喜望峰とバタビアを経由して長崎まで回航する役目を兼ねていた。長崎に到着したのは一八五七年三月で、咸臨丸を練習艦として主に、第三期生を対象におよそ十八ヶ月の伝習を行った。
○ご覧の通り途中で本国送還になったものが数名いて、オランダ側もこの伝習に真摯に向き合っていたのが読み取れる。これらの教師団には幕府から高給が支払われており、明治初期に「お雇い外国人」が活躍したその先駆けとして捉えることも出来る。
○なおカッテンディーケは、機関士官ハルデスの長崎製鉄所と軍医ポンペの長崎養生所のような長期間を必要とする伝習を、自分の離日後まで延長するよう取り計らってくれた。その意義は非常に大きい。なぜなら長崎製鉄所はのちの三菱長崎造船所となったし、小島養生所は軍医養成機関として明治の陸海軍に貢献した精得館の前身となったからである。

Ⅱ　佐賀藩の海軍伝習生名簿

■スンビン号を用いたファビウスの予備伝習（一八五四）

杉谷雍助　中野喜左衛門　橋本内蔵充　田中弥三郎（儀右衛門子）　本島藤太夫　横尾次郎右衛門（水夫）伝次郎　宮吉　清五郎　作太郎　友吉　〆之助　嘉助　乙次郎　源九郎　千次郎　留次郎　三吉　末松

○ファビウスは教師団が派遣される前に、奉行所の要請により地役人や佐賀藩士たちを相手に予備伝習をはじめている。最初の四人は「火術方」に属し、田中弥三郎は「からくり儀右衛門父子」の子に当たる。伝習所では父子とも変名して参加している。
○この予備伝習には江戸から御普請役佐藤睦三郎、三浦乾也、江川太郎左衛門手代の柏木総蔵、望月大象（一期生）、江川の家来の谷田部郷雲の五人が駆けつけている。一八五四年十月二十日のファビウスの日記に「伝習生の数は殖える一方である」とある。
○最初から水夫にまで伝習を受けさせているところが、佐賀藩の他藩と違うところ。

■スンビン号とヘデー号を用いたファビウスの予備伝習（一八五五）

六月来崎分
本島藤太夫　佐野栄寿左衛門（常民）　石田善太夫　田中源右衛門　中野助太郎　島内栄之助　伊東兵左衛門　中野喜左衛門　石黒寛次　田中近左衛門（久重）　田中弥三郎　福谷啓吉　馬場磯吉
（水夫十人）　中村祐十郎　江頭十助　北村利三郎　藤山半助　吉田貞吉　泉又吉　乙次郎　留次郎　作太郎　宮吉
○石黒寛次はのち文久元年、竹内遣欧使節に随行しフランスへ渡る。維新後は主に海軍・大蔵両省の間に出入するが、明治十九年に死去。

七月来崎分
池尻勘太夫　千布右喜太　高岸兵次　石井健一　村山又兵衛　増田孫作　田崎内蔵之進　平

方治三太　坂田孫一郎　本島喜八郎　田口忠蔵　馬渡七太夫　宮田巳之助　田中大之進　秀島転　宮地平太夫　秀島藤之助　真木鉄太郎　原元一郎　中野助太郎　中牟田倉之助　沢野虎六郎　増田左馬進　小部松五郎　村松市郎助

○田中近左衛門は、「からくり儀右衛門父子」の父に当たり、このときから父子揃って伝習に参加している。蒸気船や機関車の模型を作ったり、反射炉の設計、電流丸のボイラーの修理や、凌風丸の機関、千代田形のボイラーなど佐賀藩の近代化に大きく貢献した。明治六年に上京し、銀座に「田中製作所」を立ち上げ、現在の「東芝」の基を築く。八十二歳で死去。

■佐賀藩一期生（教師、ペルス＝ライケン）

石田善太夫　佐野栄寿左衛門（常民）　池尻勘太夫　島内栄之助　秀島転　田中源右衛門　田中大之進　本島喜八郎　宮田巳之助　宮地平太夫　秀島藤之助　石井茂左衛門　馬渡七太夫　千布右喜太　伊東兵左衛門　高岸兵次　小部松五郎　田副与八　中野助太郎　田口忠蔵　岡鹿之助　沢野虎六郎　増田左馬進　真木鉄太郎　中牟田倉之助　馬渡八郎　片江久一郎　増田孫作　原元一郎　小出千之助　亀川新八　石丸虎五郎　松村市郎助　松永寿一郎　倉永十三郎　武雄左平太　本島藤太夫　中野喜左衛門　石黒寛次　田中近左衛門（久重）　田中弥三郎（子）　福谷啓吉　馬場磯吉　石井健一　村山又兵衛　田崎内蔵之進　平方治三次　坂田孫一郎

○岡鹿之助は優秀な技術者で、明治になると海軍に従事した。しかし薩摩閥と折り合いが悪く海軍を去ったとされる。その子岡鬼太郎は明治、大正の演劇改良で活躍し、その孫はパリへ留学、油絵で独特の点描画を切り開いた岡鹿之助である。

■佐賀藩二期生（教師、カッテンディーケ）

運用＝浜野源六　原元一郎　真木鉄太郎　佐野栄左衛門（常民）　石黒寛次　福谷啓吉　馬場磯吉

蒸気＝秀島藤之助　石丸虎五郎

造船＝増田孫作　武雄左平太　松永寿一郎　倉永十三郎　秀島転　松村市郎助　田口忠蔵

砲術＝本島喜八郎　島内栄之助　増田左馬之進　宮地平太夫

航海＝沢野虎六郎　中牟田倉之助　小部松五郎　石井茂左衛門

物理＝馬渡八郎　片江久一郎

専攻不明＝小川剛一郎　小出千之助　亀川新八　島田東洋　永松其洋　井上宗民

（水夫十六人）江頭十助　和太夫　滝三郎　貞吉　長之助　利三郎　善助　善十　岩吉　惣十　三次郎　千次郎　留次郎　〆之助　猶松　末吉

○佐賀藩は伝習の初めから終わりまで最も熱心であった。ひとりが三年以上にわたって学ぶことができた。それは佐賀藩が地理的に有利だったこともあるが、藩主正直がオランダに蒸気船「電流丸」を発注し、その運用のためにも航海術全般を学ぶ必要に迫られていたからである。

○長崎海軍伝習所が閉鎖されると、すぐに佐賀に三重津海軍所が設立されたのも同じ理由による。

Ⅲ　その他の諸藩の伝習生名簿

■福岡藩（黒田五十二万石）

津田権四郎　平賀磯三郎　香西少輔　中上源八　伴新　西川吉郎左衛門　山崎雄　田原勝太夫　大原伝作　臼井謙次郎　立花五蔵　大塚五郎太夫　河野禎造　原勝太郎　山路仁右衛門
松尾惣平　森十左衛門　小島伝次郎　磯山勝七　上田左平　久我鬼平　中山半八　塩川長次
山田与七　西川利平　川崎勘七　金子才吉　永野圓助　古川伝平　牧野権六　安部章平　滝田茂吉　安田善一郎　前田玄造　若松喜八　久佐孫兵衛　若松甚太夫　西川甚之丞

○金子才吉は航海術や・測量術を学び一八五九年に伝習を終えたが、一八六八年、長崎の丸山でイギリス船「イカロス号」の水夫を殺害し、二日後自害した。

■鹿児島藩（島津七十七万石）

川南清兵衛　木脇賀左衛門　鎌田諸衛門　加治木清之丞　沖直次郎　本田彦次郎　五代才助
華田源之助　二之方良右衛門　上床仲之丞　波江野仲兵衛　林田太郎　松本十兵衛　河野考五郎　竹之下半助　相良蜻州　楢崎市十郎　成田彦十郎　磯永孫四郎　税所今次郎　税所四

郎左衛門　川村純義　北郷要人　近藤七郎左衛門　橋口伝之進

■萩藩＊（毛利三十六万九千石）

郡司千左衛門　正木市太郎　山田七兵衛　戸田亀之助　梅田寅二郎　波多野藤兵衛　山本伝兵衛　戸倉豊之進　藤井百合吉　香川半介　桂右衛門　栗屋与三　道家勝次郎　井上勝　原田熊五郎

○井上勝は伝習後、江戸に出て蕃書調所に学び、さらに函館で領事館員から英語を学ぶ。英国に密航した「長州ファイブ」の一人でロンドン大学で鉄道事業を学び帰国し、鉄道事業一筋に打ち込んだ。

＊山口県

■熊本藩（細川五十四万石）

池辺啓太　小佐井才八　奥山静寂　荘林助右衛門　竹内才起

■福山藩＊（阿部十万石）

前田藤九郎　前田徳十郎　竹島礼　佐原純一

＊広島県

■津藩＊（藤堂三十二万三千石）

渡辺七郎　橋本左源太　市川清之助　吉村長兵衛　森忠太　中山勘蔵　菅野秀二　滝本重吉

水谷八十八　深井半左衛門　村田左十郎　水沼久太夫　堀江鍬次郎　柳楢悦

○柳楢悦は明治になると海軍少佐として初代水路局長となる。退官後は元老議員や貴族院議員を務め、日本で最初の学会「東京数学会社」を結成。神田孝平と共に初代会長に選ばれた。

＊三重県

■掛川藩＊（太田五万石）

甲賀郡之丞

＊静岡県

■田原藩＊（三宅一万二千石）

村上与市

○以上の名簿は、藤井哲博著『長崎海軍伝習所』から引用したもの。最後に藤井氏は言う。「勝海舟の『海軍歴史』には、長崎地役人伝習生を欠いている。また諸藩伝習生に関しても、必ず漏れがある。ここに私が追加しただけでも脱漏は五十名を越えている」と。したがって名簿漏れはまだまだ残されている可能性が大きい。

○この漏れを補充する一つとして『白帆注進』（旗先好紀・江越弘人共著、長崎新聞社、平成十三年）は欠かせない。

＊愛知県

関連年表

＊黒船来航の一八五三年（嘉永六）から一八七五年（明治八）までの二十二年間を、蒸気船を中心にしてまとめた。
＊表中の洋数字は月を示している。日本は旧暦の月（○囲みは閏月）、世界は陽暦による月で表示した。したがって本文中の月（陽暦）とは異なる。

西暦	和暦	日本	世界
一八五三	嘉永六	6ペリー艦隊浦賀に来航。久里浜で国書を渡す 7プチャーチン長崎に調印、長崎奉行に国書を手交 8水戸藩に**旭日丸**の建造を命じる 9浦賀奉行所に**鳳凰丸**の建造を命じる。大船禁止令の解除	露、トルコと開戦 11クリミア戦争
一八五四	安政元	1第二次ペリー艦隊来航 3日米和親条約に調印 5浦賀で**鳳凰丸**が竣工 8日英和親条約に締結 8ファビウス中佐、スンビン号で長崎に来航 11諸国大地震。プチャーチン提督ディアナ号が津波で大破。戸田に向かうも沈没	
一八五五	安政二	3日露共同で**ヘダ号**が竣工。続いて君沢形が造られる 6第一次教師団がスンビン号（観光丸）を回航し幕府に寄贈 7永井尚志に命じて長崎に海軍伝習所を設ける ⑦イギリス艦長崎に来航 8薩摩藩の**雲行丸**が完成 10江戸を安政大地震が襲う 12日蘭和親条約締結。海軍伝習所の開所式。一期生伝習	

一八五六	安政三	開始 2幕府、九段坂に蕃書調所を開校 4幕府、講武所を開き洋式軍事訓練を開始 7米国総領事ハリスが下田に上陸、玉泉寺を領事官とする。水戸藩、**旭日丸**竣工 10伝習所で**コットル船**が造られる	3クリミア戦争終結 10英、アロー号事件
一八五七	安政四	3一期生が**観光丸**で江戸へ出航。のちの軍艦操練所設置へ繋がる 4井伊直弼大老となる。二期生伝習開始。築地に軍艦操練所を設置 5コットル船の進水式 6阿部正弘死去（三九歳） 8第二次教師団がヤッパン号（**咸臨丸**）を回航して長崎に来航。製鉄所要員ハルデス来日 9三期生伝習開始 10長崎製鉄所起工。ハリス、江戸登城 ▽この年築地に軍艦操練所が「講武所」内に開かれる	5インドでセポイの乱 12英仏連合軍、広東を陥す
一八五八	安政五	2**咸臨丸**が五島・対馬を巡航 3**咸臨丸**が下関海峡を抜けて薩摩へ、その後九州を一周 5**咸臨丸**が江戸に回航する**鵬翔丸**を薩摩まで同伴する 6日米修好通商条約に調印	

一八五九	安政六	この夏、長崎でコレラが流行 7将軍家定死去。外国奉行設置。 9安政の大獄始まる。ハルデス、露艦アスコルド号の修理に協力。エド号（**朝陽丸**）が長崎に回航される。 10佐賀藩購入の**電流丸**が長崎に来航。**咸臨丸**、**朝陽丸**と共に平戸・福岡へ 12**観光丸**が佐賀藩に預けられる ▽この年佐賀に三重津海軍所が設置される 1**観光丸**のボイラー交換 2海軍伝習所が閉鎖される 5長崎・神奈川・函館を開港 7露艦乗組員二人、横浜で浪士に襲われる。開港した長崎にシーボルト再来日。英語伝習所が長崎につくられる 8井伊大老により岩瀬忠震・永井尚志・川路聖莫・大久保一翁ら罷免される 10橋本左内・吉田松陰ら処刑さる。カッテンディーケ等日本を引き揚げバタビアに戻る。ポンペとハルデスは残留	8英、インド直接統治を開始 2仏、インドシナ侵略。ベトナムの植民地化を開始
一八六〇	万延元	1**咸臨丸**、浦賀よりアメリカへ出航 3桜田門外の変 5**咸臨丸**、サンフランシスコより帰国	4アメリカ南北戦争勃発

		8皇女和宮降嫁勅許を幕府に内達 11小野友五郎による蒸気軍艦雛形を水槽試験	10英仏連合軍が北京に入城
一八六一	文久元	1蒸気船一艘（**千代田形**）打ち立て命令 2長崎奉行へ200馬力・大砲20門のコルベット艦の製造命令が下る。露艦が対馬占領を企画 3幕府が開港開市の七年延期を要請。長崎製鉄所の一期工事の完成 4上海交易のため**千歳丸**を派遣 5シーボルト、外国事務顧問となる 6英艦対馬に赴きロシア艦に退去を求める（対馬事件） ▽この夏、ハルデス日本を去る 10和宮親王、江戸へ向かう 12竹内遣欧使節が開市開港延期交渉のために出港。**咸臨丸**が小笠原諸島奪還のために出港	4米、南北戦争勃発
一八六二	文久二	1老中安藤信正、浪士に襲われ負傷（坂下門外の変） 3オランダ貿易会社に開陽丸を発注。この頃長崎で**先頭丸**竣工 4島津久光、率兵入京。長崎で立神軍艦打建所に着手 5**千代田形**の起工式 8生麦事件 ⑧アメリカと軍艦発注の交渉。大海軍計画を提出すれど	6仏、サイゴン条約でコーチシナの一部を領有

		中止 9オランダ留学生ら長崎を出航。長崎製鉄所でつくった千代田形の機関を石川島に発送 10幕府、**順動丸**を購入 11ポンペ日本を去る 12高杉晋作ら、英国公使館焼き討ち	
一八六三	文久三	2将軍家茂の海路上洛中止 4家茂陸路で上洛、天皇に攘夷期限を五月十日と奉答 5小笠原長行、生麦事件の賠償金を支払う。長州藩、米・仏・蘭の商船をつぎつぎと砲撃。小笠原長行と水野忠徳の率兵入京事件 7薩英戦争。**千代田形**進水式 8京都で八月十八日の政変 10千代田形の汽缶、三重津で完成 12朝廷が参与会議を命じる。幕府**翔鶴丸**を購入。勝海舟、将軍家茂を**翔鶴丸**で海路上京させる。**観光丸**が幕府に返上される	7上海〜日本間に定期航路が開設 9上海の共同租界成立
一八六四	元治元	3参与会議、解体 4勝海舟、将軍家茂や姉小路公知を乗せて大坂湾を巡覧 5神戸に海軍操練所を開設、**観光丸**で伝習 6新撰組、池田屋を襲撃	

		7禁門の変。第一次征長戦争 8仏英米蘭の連合艦隊、下関の砲台を占拠。**翔鶴丸**、横須賀にてフランス海軍の手により修理 10肥田浜五郎、石川島の施設拡張のため渡欧 11長州藩幕府に恭順 12高杉晋作、下関を襲撃。長崎の立神軍艦打建所差止めの示達	7太平天国の南京陥落 8赤十字条約締結
一八六五	慶応元	2横浜製鉄所起工 3神戸海軍操練所廃止、その跡地を中心に神戸の町が発展する この春、佐賀藩の**凌風丸**の竣工 6フランスが幕府にパリ万国博覧会に参加を勧説 7長州藩、薩摩藩の仲介でグラバーから武器を購入 9横須賀製鉄所起工（のち造船所）	4米、南北戦争終結
一八六六	慶応二	1薩長同盟成る 2肥田浜五郎帰国。**千代田形**に機関の据付工事 4小菅修船所の工事に着手 6第二次征長戦争 7幕府、長崎警固のため**回天丸**を購入。将軍家茂没（二一歳） 10**開陽丸**が竣工し、オランダから日本へ向けて出航	

一八六七	慶応三	12孝明天皇没（三六歳）。慶喜が徳川将軍となる。長崎立神での軍艦打建てが中止される 1小野友五郎ら一行、アメリカへ渡航。その後**富士山丸**と**甲鉄艦**を購入。 2**千代田形**、品川沖で試運転に成功 3開陽丸が横浜に帰港 7**開陽丸**が横浜に到着。小野が福沢諭吉を告発 10徳川慶喜大政奉還を申し出る 11坂本龍馬、中岡慎太郎が京都で暗殺される 12朝廷、王政復古を宣言	1米、サンフランシスコ〜香港間に定期航路を開設 10パリ万国博覧会はじまる
一八六八	慶応四 明治元	1鳥羽・伏見の戦い。慶喜、開陽丸で江戸に脱出。英・米・仏・伊・蘭・露局外中立を布告 3西郷と勝の会見により江戸城開城 4小栗忠順、官軍により斬首。**観光丸**が朝廷に納められる 5奥羽越列藩同盟成る。大村益次郎が上野の彰義隊を討つ。徳川家達を駿府七十万石に封ず 7本木昌造が長崎製鉄所の頭取に就任 8榎本艦隊品川より脱走 9明治改元。会津藩降伏 10江戸城を皇居とし、東京城とする。沼津兵学校が開設	

		される 11**開陽丸**が江差にて沈没	
一八六九	明治二	12榎本武揚ら、蝦夷地を占領。小菅修船所が完成 3東京遷都 5榎本ら五稜郭で降伏。中島三郎助戦死（四九歳） 6版籍奉還、藩知事を置く 10上海からガンブルが招かれ、活版印刷の伝習が始まる 12東京・横浜間に電信開通	5米、大陸横断鉄道完成 11スエズ運河の開通
一八七〇	明治三	3本木昌造が長崎製鉄所を退職 4長崎製鉄所が工部省に移され長崎造船所と改称 5勝海舟、海軍大輔になる 10海軍を英式、陸軍を仏式に統一 ⑩工部省が設置され、横浜製鉄所を管轄する	1ドイツ帝国成立 7普仏戦争
一八七一	明治四	6英国海軍ダグラス教師団来日 9海軍部設置 11岩倉らの米欧使節団出航 12活版印刷の『横浜毎日新聞』が創刊される	3パリ・コミューン
一八七二	明治五	2富岡製糸場、工女募集開始。兵部省が廃され、海軍省・陸軍省が新設 4石川島が修船場として整備される 10太陽暦の採用。	

		11岩倉らの米欧使節団出航
一八七三	明治六	7廃藩置県 9新橋・横浜間鉄道開通式 10富岡製糸場開業
一八七五	明治八	2三菱商社、横浜―上海間定期航路開設。英米両国の航路を圧倒する 11横浜製鉄所が郵便汽船三菱会社に貸与される

（著者作成）

あとがき

私はこれまで、主に長崎の対外交渉史に手を染めて来たが、幕末には触れまいでおこうと考えてきた。手に負えないことは明白だったからである。

ある日、極めてめずらしい古賀十二郎の『海軍伝習』の草稿のコピーを入手し、それを弦書房の小野静男氏に見せたところ、「多くの無名の技術者たちからなる〈近代化〉を、海軍伝習所の人たちとその技術から読み解くことは価値ある作業」という便りが届いて、そんなものかと改めて思いなおした。

そこで再び『海軍伝習』を最後まで目を通してみたが、収穫らしいものはあまり得られなかった。結局はまた、最初からこつこつと資料集めから出直すしかなかった。

途中で筆が止まると、電車に乗って大波止で下車する。港に向かって歩くと、やがて「観光丸」が見えてくる。一九八七年、オランダの造船所で忠実に復元されたものである。当初はハウステンボスで使われていたようであるが、今は故郷長崎の港で船体を休めている。それを眺めていると時間を忘れる。

じつは一度だけ乗船したこともある。階段を下りた船室の木目はニスでまばゆいほど光輝き、これが本当に軍艦なのだろうかと疑るほど美しかった。

観光丸は良く働いた。長崎ではもちろん、伝習生を江戸に運んだのちはそのまま築地の軍艦操練所の練習船となり、その後佐賀の三重津海軍所御預けとなり運用され、幕府に返納されたのちは神戸軍艦操練所の練習船になった。やがて新政府に引き渡されたが、石川島に繋留され明治九年、除籍解体された。激動の時代を最後まで生き抜いた船の一つである。

港から踝を返して大波止に戻ると、文明堂総本店の前から県庁正門へと続くゆるい坂道をのぼる。クスの街路樹が続くあの歩道である。その道こそが、本書に登場するほとんどの人物が歩いたに違いない道である。

一足ごとに彼らの顔がよみがえる。

春風のような容貌の老中阿部正弘、面倒見の良さそうなファビウス中佐、敵にまわしたら怖そうな中島三郎助、いかにも洋行帰りの顔をした五代友厚、ピストルを手にしたオランダ通詞西吉十郎、上司に持つといかにも頼りがいのありそうな田辺太一などなど……。

そして彼らは揃って口にする、「ここがはじまりだった」と。

二〇一五年、春

松尾龍之介

主な参考文献

第一章

『開国への布石』土居良三（未来社、二〇〇〇年）
『阿部正弘のすべて』新人物往来社編（一九九七年）
『開国史話』加藤祐三（かなしん選書、二〇〇八年）
『幕府衰亡論』福地源一郎（国文館、昭和十一年）
『黒船前夜の出会い』平尾信子（ＮＨＫブックス、一九九四年）
『幕末の蒸気船物語』元綱教道（成山堂書店、平成十六年）
『明治維新のカギは奄美の砂糖にあり』大江修造（アスキー新書、二〇一〇年）
『杉亨二自叙伝』日本統計協会（平成十七年）
『海軍日本の夜明け』フォス美弥子（思文閣出版、二〇〇〇年）
『幕末軍艦咸臨丸』文倉平次郎（名著刊行会、昭和五十四年）
『長崎海軍伝習所』藤井哲博（中公新書、一九九七年）
『赤松良則半生談』（東洋文庫、昭和五十二年）
『幕末の日本』金子治司（早川書房、一九九四年）
『維新の日本』金子治司（早川書房、昭和四十三年）

第二章

『福翁自伝』福沢諭吉（旺文社文庫、昭和四十五年）
『ペリー日本遠征随行記』新異国叢書（雄松堂書店、昭和五十三年）
『荒井郁之助』原田朗（人物叢書、吉川弘文館、平成六年）
『小野友五郎の生涯』藤井哲博（中公新書、昭和六十年）
『数学の文明開花』佐藤建一（時事通信社、平成元年）
『勝海舟』石井孝（吉川弘文館、昭和四十九年）
『勝海舟』松浦玲（中公新書、昭和五十五年）
『幕末外交談』田辺太一（東洋文庫、一九六九年）
『軍艦奉行木村摂津守』土居良三（中公新書、一九九四年）

第三章

『中島三郎助と浦賀』（横須賀開国史研究会、平成十四年）
『北の海鳴り』大島昌宏（新人物往来社、一九九五年）
『松本順自伝・長与専斎自伝』（東洋文庫、平凡社、一九八〇年）
『松本順と「愛生館」事業』片桐一男（秋山財団ブックレット、二〇一一年）
『ポンペ日本滞在見聞記』（新異国叢書、雄松堂書店、昭和四十三年）
『長崎のオランダ医たち』中西啓（岩波新書、一九七五年）
『懐旧九十年』石黒忠悳（岩波文庫、一九八三年）
『幕末維新―写真が語る―』安田克廣（明石書店、

一九九七年）

第四章

『五代友厚伝』宮本又次（有斐閣、昭和五十六年）
『明治維新とイギリス商人』杉山伸也（岩波新書、二〇〇二年）
『士魂商才』佐江衆一（新人物往来社、二〇〇四年）
『新世界と日本人』八木一文（現代教養文庫、一九九六年）
『グラバー夫人』野田和子による改訂版（平成八年）
『しみずうさぶろうの生涯』長井五郎（さきたま出版会）
『長崎製鉄所』楠本寿一（中公新書、一九九二年）
『郷土史に輝く人びと』（佐賀県教育図書株式会社、昭和四十八年）
『佐野常民』國雄行（佐賀城本丸歴史館、二〇一三年）
『ゴンチャロフ日本渡航記』（新異国叢書、雄松堂、昭和四十四年）
『幕末維新と佐賀藩』毛利敏彦（中公新書、二〇〇八年）
『鍋島閑叟』杉谷昭（中公新書、一九九二年）
『鍋島直正』杉谷昭（佐賀城教育図書株式会社、二〇一〇年）

第五章

『〈通訳〉たちの明治維新』木村直樹（吉川弘文館、二〇一二年）
『蘭学事始』杉田玄白（岩波文庫、一九八二年）
『懐往事談』福地源一郎（行人社、昭和五十九年）
『明治の異才福地桜痴』（中公文庫、昭和六〇年）
『本木昌造先生略伝』古賀十二郎（昭和三十八年、非売品）
『崎陽論攷』渡辺庫輔（親和文庫第七号、昭和三十九年）
『本木昌造伝』島谷政一（朗文堂、二〇〇一年）
『逃げる男』江越弘人（長崎新聞社、二〇〇三年）
『長崎製鉄所』楠本寿一（中公新書、一九九二年）
『平野富二伝』古谷昌二編著（朗文社、二〇一三年）

第六章

『榎本武揚』加茂儀一（、中公文庫、昭和六十三年）
『幕府オランダ留学生』宮永孝（東書選書、昭和五十七年）
『幸田成友著作集』第四巻（中央公論社、昭和四十七年）
『幕末の大風』山形紘（ふるさと文庫一九、二〇〇九年）
『赤松良則半生談』赤松良則（東洋文庫、昭和五十二年）
『函館戦争と榎本武揚』樋口雄彦、吉川弘文館、二〇一二年）
『幕末外交談』田辺太一（東洋文庫、一九八九年）
『幕末遣外使節物語』尾佐竹猛（実業の日本社、昭和一三年）
『開国への布石』土居良三（未来社、二〇〇〇年）

『幕末五人の外国奉行』土居良三（中央公論社、平成九年）
『ホームズ船長の冒険』横浜資料館編（有隣新書、平成五年）
『小笠原諸島をめぐる世界史』松尾龍之介（弦書房、平成二十六年）

第七章

『長崎製鉄所』楠本寿一（中公新書、一九九二年）
『長崎海軍伝習所の日々』カッテンディーケ（東洋文庫、平凡社、一九八二年）
『日本滞在見聞記』ポンペ（雄松堂書店、昭和五三年）
『維新と科学』武田楠雄（岩波新書、一九七二年）
『長崎蘭学の巨人』松尾龍之介（弦書房、二〇〇七年）
『科学知識』財団法人　科学知識普及会（昭和五年十月号）
『高島秋帆』有馬成甫（吉川弘文館、昭和三十三年）
『維新と科学』武田楠雄（岩波新書、一九七二年）
『九州の蘭学』W・ミヒェル他共著（思文館出版、二〇〇九年）
『海外情報と九州』姫野順一編（九州大学出版会、一九九六年）

最終章

『幕末の蒸気船物語』元綱教道（成山堂書店、平成十六年）
『平野富二伝』古谷昌二編著（朗文社、二〇一三年）
『小判・生糸・和鉄』奥村正二（岩波新書、一九七三年）
『日本の近代』1、松本健一（中央公論社、一九九八年）
『日本と西洋』東西文明の交流6、沼田次郎編集（平凡社、一九七一年）

〔編者略歴〕

松尾龍之介（まつおりゅうのすけ）

昭和二十一年、長崎市生まれ。

昭和四十四年、北九州市立大学外国語学部卒。

昭和四十六年、上京。

漫画家・杉浦幸雄に認められる。主に「漫画社」を中心に仕事をする。洋学史研究会会員。

俳句結社『空』同人。

〔主な著書〕

『漫画俳句入門』（池田書店）

『江戸の世界聞見録』（蝸牛社）

『なぜなぜ身近な自然の不思議』（河出書房新社）

『マンガＮＨＫためしてガッテン―わが家の常識・非常識』（青春出版社）

『マンガ版ママの小児科入門』（法研）

『長崎蘭学の巨人―志筑忠雄とその時代』（弦書房）

『長崎を識らずして江戸を語るなかれ』（平凡社新書）

『江戸の〈長崎〉ものしり帖』（弦書房）

『マンガde俳句』（ＭＯＷ企画社）

『小笠原諸島をめぐる世界史』（弦書房）

幕末の奇跡

――〈黒船〉を造ったサムライたち

二〇一五年七月五日発行

著　者　松尾龍之介《まつおりゅうのすけ》

発行者　小野静男

発行所　株式会社弦書房

〒810-0041

福岡市中央区大名二―二―四三

ＥＬＫ大名ビル三〇一

電　話　〇九二・七二六・九八八五

ＦＡＸ　〇九二・七二六・九八八六

印刷・製本　シナノ書籍印刷株式会社

ISBN978-4-86329-119-5 C0021